Mit einer »Schallmauer«,
die gleichzeitig die solide,
repräsentative Visitenkarte
bildet, schottet sich dieses
Haus in Rheda-Wieden-
brück gegen den Autobahn-
lärm ab. Architekten Hauer
& Kortemeier, Seite 28

Sabine Schneider

Einfamilienhäuser auf schwierigen Grundstücken

...rund ums Haus Individuelle Lösungen für problematische Bausituationen

So schön ein Grundstück
mit alten Bäumen auch ist,
das Wurzelwerk muss
geschützt werden und ver-
kleinert das Baufeld oft
erheblich. Die Architektur
ordnet sich unter. Eine
mögliche Lösung: Wohn-
haus in Kassel, Penkhues
Architekten, Seite 54

Impressum

© 2002 Verlag Georg D.W. Callwey
GmbH & Co. KG,
Streitfeldstraße 35,
81673 München
www.callwey.de
E-mail: buch@callwey.de

Die Deutsche Bibliothek –
CIP-Einheitsaufnahme
Ein Titelsatz für diese Publikation ist bei
der Deutschen Bibliothek erhältlich.

ISBN 3-7667-1527-5

Umschlaggestaltung:
Griesbeck/Griesbeck, München

Buchgestaltung:
A34, Helmut Gebhardt, München

Druck und Bindung:
Memminger MedienCentrum
Druckerei und Verlags-AG

6 Einleitung
von Katharina Matzig

16 Problem Verkehrslärm
18 See, Sonne und die Straße
Einfamilienhaus und Architekturbüro
in Mammern, Schweiz

24 An der Landstraße
Einfamilienhaus in Herzebrock-Clarholz

28 An der Autobahn A2
Einfamilienhaus in Rheda-Wiedenbrück

32 An der Autobahn A46
Einfamilienhaus in Arnsberg

36 Ein Landhaus
Einfamilienhaus in Kramsach-Voldöpp,
Österreich

40 Problem Grundstückszuschnitt
42 Auf dem Präsentierteller
Einfamilienhaus in München-
Feldmoching

46 Nachverdichtet
Wohnhaus in Winsen an der Luhe

50 Kleine Fluchten
Wohn- und Atelierhaus in Köln

54 Unter alten Bäumen
Einfamilienhaus mit Büroräumen
in Kassel

58 Am Kirchhof
Einfamilienhaus mit Atelier
und Einliegerwohnung
in Absam, Österreich

64 Dreieck an der Talaue
Einfamilienhaus in Oberviechtach

68 In der Altstadt
Atelierhaus mit Ausstellen und Wohnen
in Eichstätt

72 Streng nach Vorschrift
Einfamilienhaus in Rodenbach

76 Wohnhaus mit Anschluss
Einfamilienhaus in Berlin-Zehlendorf

80 Lang wie ein Schal
Wohnhaus in Memmingen

84 In zweiter Reihe
Einfamilienhaus mit Carport in Paderborn

88 Stark einsehbar
Einfamilienhaus mit Büro
und Gästeapartment in Battenberg

92 Problem Baugrund
94 In der Senke
Einfamilienhaus mit Einliegerwohnung
in Detmold

98 Turm am Steilhang
Einfamilienhaus in Plön

102 Auf alten Mauern
Einfamilienhaus im Schwarzwald

106 Abhang am Wald
Einfamilienhaus in Korlingen

110 Im Überschwemmungsgebiet
Niedrigenergiehaus in Niederalteich

114 Das Wunschhaus
Wohnhaus in Tobel, Schweiz

118 Felsiger Grund
Wohnhaus mit Büroanbau
in Berlebeck

122 Villa mit Park
Einfamilienhaus in Zürich, Schweiz

126 Architektenverzeichnis und Bildnachweis

Einleitung

von Katharina Matzig

»Wo errichtet man einen Turm? Einige Menschen erscheinen und deuten auf eine bestimmte Stelle hin. Sie entfalten Blaupausen, ziehen Linien nach, werfen dann den Kopf siegesgewiss zurück. Na, rufen sie, na, ist das ein Turm? Alles klatscht Beifall, aber wie sieht es hinterher aus, wenn der Turm gebaut ist?

Dies nur als Beispiel. Es ist ja dasselbe mit Häusern und überhaupt Ortschaften. Zum Beispiel, der Baumeister kommt. Für den Baumeister gibt es keine Schwierigkeiten. Hinter ihm gehen seine Freunde, haufenweise. Sein bester Freund trägt lange, große Rollen, Ofenrohren ähnlich. Jetzt kniet der Baumeister nieder, auf einem Knie. Das andere, das hochgestellte, dient dem Arm als Stütze. Er belauert eine Wiese mit Bach, einen Felsen. Er kneift die Augen zusammen, er läßt die fächerförmig gespreizte Hand ein paar Mal vor dem Gesicht auf und ab fahren. Dann springt er zurück auf beide Füße und ruft: Hier bauen wir das Haus!«

Über dieses Buch –
der Traum vom Raum

»Schwierigkeiten beim Häuserbauen« – so heißt diese Erzählung von Reinhard Lettau. Traumhaft fängt sie an – mit dem Architekten, der keine Probleme kennt, der sich einfach ein Grundstück sucht, um es zu bebauen. Traumhaft – und realitätsfern, eine Geschichte eben, die nicht einmal in der Fiktion gut endet. »Die Schwierigkeiten beim Häuserbauen sind gewaltig«, sagt der Baumeister schon wenige Seiten später. Und kommt damit nah an die Wirklichkeit heran, in der das eigene Haus, nach den eigenen Vorstellungen errichtet, häufig genug ein Traum bleiben muss.

Gründe dafür gibt es viele – zu wenig Kapital zu haben ist einer davon. Wer die Immobilienangebote verfolgt, weiß zudem, dass die Wahl eines geeigneten Grundstücks eine weitere Hürde darstellt auf dem Weg zum Traumhaus: So genannte »Filetstücke« sind heute nur noch selten zu finden – und wenn, lediglich zu Höchstpreisen zu erstehen. Womit wir wieder beim Kapital sind. Und spätestens hier auch die Moral ins Spiel bringen sollten: Wenn man bedenkt, dass der tägliche Flächenverbrauch, also die Umwandlung bisher nicht baulich genutzter Flächen in Bauland in Deutschland etwa 150 Hektar beträgt, und wenn man weiß, dass der Anteil an Bebauung und Verkehrsflächen mit etwa 12 Prozent sich

seit 1945 mehr als verdoppelt hat, bekommt der Boden zudem als zu schützendes Gut ein besonderes Gewicht: »Mit Grund und Boden soll sparsam und schonend umgegangen werden, dabei sind Bodenversiegelungen auf das notwendige Maß zu beschränken.« So lautet zu Recht die Bodenschutzklausel des Baugesetzbuches (§ 1a BauGB).

Darf, soll, kann man also trotzdem bauen? Auch wenn kein Architekt und kein Bauherr in der Realität einfach so rufen kann: »Hier bauen wir das Haus«? Sicher. Traumhäuser sogar. Trotz aller Schwierigkeiten ist es nicht unmöglich, bei schwierigem Grundstücksmarkt und mit wenig Kapital zu bauen. Und das sogar flächensparend und ohne an den falschen Ecken, nämlich an der Qualität des Gebäudes, zu sparen: 25 Einfamilienhäuser werden im Folgenden vorgestellt, die auf Grundstücken errichtet wurden, die auf Grund ihrer Lage, ihres Zuschnitts oder ihrer Bodenverhältnisse auf den ersten Blick als unbebaubar, zumindest als unattraktiv galten – und somit relativ günstig zu erstehen waren. Zum Nachteil gereichte den Bauherren ihre mutige und von vielen zu Beginn sicher unverständliche Wahl nicht. Im Gegenteil. Entstanden sind unverwechselbare und gestalterisch beispielhafte Häuser, die sich ganz individuell mit den Bedürfnissen ihrer Bewohner und den Anforderungen ihrer Umgebung auseinander setzen.

Durch ihr kostengünstiges Grundstück ließen sie zudem finanziellen Spielraum etwa für eine außergewöhnliche technische Ausstattung, wie etwa beim Wohnhaus in Oberviechtach (Architekten Schönberger + Schönberger), bei dem sämtliche Räume über Intranet miteinander vernetzt sind, oder für die Verwendung ökologischer Baustoffe. Zellulose- und Schafwolldämmung beispielsweise konnte sich die junge Bauherrenfamilie bei ihrem Haus in Korlingen (Architekten Stefan Lambertz und Birgit Schöpf) nur leisten, weil ihr »unbebaubar steiles« Grundstück ein Drittel weniger Geld kostete als die ebenen Nachbarparzellen.

Die Villa Fallingwater gehört zu den berühmtesten Häusern der Welt. Schuld daran ist ihre Lage über einem Wasserfall: Frank Lloyd Wright fügte sein »natürliches Haus« sinnfällig in die Umgebung ein.

Bauen auf schwierigem Grund – ein architekturhistorischer Exkurs

Tatsächlich scheinen es gerade schwierige Bedingungen zu sein, die Bauherren und ihre Architekten zu Höchstleistungen herausfordern. Die Architekturgeschichte kennt zahllose Beispiele: Die Villa Fallingwater etwa, erbaut in den Jahren 1936 bis 1937. Als die Pittsburgher Familie Kaufmann dem Architekten Frank Lloyd Wright ihr Grundstück zeigte mit dem beeindruckenden Wasserfall über dem Bear Run, mitten in den Wäldern von West-Pennsylvanias gelegen, gingen sie davon aus, dass Wright für ihr Wochenendhaus eine Lage auf der gegenüberliegenden Seite auswählen würde. Stattdessen jedoch platzierte Wright das Haus unmittelbar über dem Wasserfall und entwarf ein Gefüge von Auskragungen, sodass die Villa mit ihren großen Balkonen vom felsigen Ufer aus ohne sichtbare Stützen über das Wasser hinausragt. Die Felsen, auf denen die Kaufmanns früher unter freiem Himmel saßen, wurden zum Fußboden des Wohnzimmers, die gigantischen Steinblöcke des Wasserfalls liegen heute vor dem offenen Kamin. Und ein verglastes Treppenhaus führt vom Wohnzimmer direkt hinunter ans Wasser.

Oder die Casa Malaparte des Architekten Adalberto Libera. Wie ein Schwalbennest klebt das Haus, 1938 bis 1943 gefertigt, hoch auf einem Felsen an der Ostküste der Insel Capri.

Bauen durfte man hier eigentlich nicht. Doch Bauherr Curzio Malaparte ließ sich eine Zisterne genehmigen, die er dann anschließend mit der großartigen Villa überbaute. Ihr monumentales Treppendach, eine in die Höhe ebenso wie in die Breite wachsende Skulptur aus Treppe, Terrasse, Dach und Landschaft, beeindruckte nicht zuletzt den Regisseur Jean-Luc Godard so stark, dass er hier seinen Film »Le Mepris«, »Die Verachtung«, drehte und in einer der schönsten Szenen Brigitte Bardot die Treppe bis in den Himmel schreiten lässt – oder ins Meer, je nach Sichtweise.

Es geht allerdings auch etwas bescheidener: Selbst in einem ehemaligen Wasserbehälter auf dem Dach der Wiener Alpenmilchzentrale lässt es sich wohnen – und zwar ausgezeichnet. Die österreichische Gruppe pool Architektur verwandelte den vermeintlich unnutzbaren Raum in ein kleines Penthouse, das dank seiner ausziehbaren Möbel, einem abgehängten Kühlschrank und dem schwenkbaren Fernseher auf engstem Raum, auf 18 Quadratmetern, alles bietet, was man zum Leben braucht. Für wenig Geld und mit einem unbezahlbaren Blick.

Den hat man vermutlich auch aus den Fenstern von »Archimedes«. Wobei die schöne Aussicht nicht der Grund ist, warum die niederländischen Architekten Drost und van Veen ihr »Haus der Gegenwart« als schwimmendes

Majestätisch thront die Casa Malaparte auf dem Felsen, vom Meer umspült. Dachtreppe, Terrasse und Landschaft verschmelzen zu einer Einheit.

Haus planen. Für den gleichnamigen Wettbewerb, zu dem das Süddeutsche Zeitung Magazin Ende 2001 internationale Architekten einlud, entwarfen die jungen Rotterdamer ihren preisgekrönten Beitrag gleich ganz ohne Abstandsregeln oder Bebauungspläne, ja ganz ohne Grundstück gar – zumindest ohne festen Boden unter dem Fundament. Was tatsächlich unbestreitbare Vorteile hat: Schließlich verlieren die Niederlande die Hälfte ihrer Landesoberfläche innerhalb der nächsten Jahrzehnte an das Meer und tun sich daher mit der Ausweisung von Baugrund besonders schwer. »Archimedes« kann deshalb schwimmen, es hat keine Verbindung zum Festland, ist energetisch autark dank Solar- und Windkraft, gefertigt und formschön gebogen aus Schiffsbaustahl, und also preiswert, sozialverträglich und gesellschaftspolitisch korrekt. Zukunftsmusik? Für den »Otto-Normal-Bauherrn« nicht relevant? Stimmt. Natürlich sind architekturhistorische Inkunabeln wie die Villa Fallingwater und die Casa Malaparte, das extravagante Penthouse auf dem Dach der Milchzentrale in Wien oder das Haus-Boot Archimedes Ausnahmen. Und doch führen all diese Beispiele wieder an den Ausgangspunkt zurück. Denn sie beweisen: Unbebaubar gibt es nicht.

Maximal wurden die vorhandenen Ressourcen ausgeschöpft: Das kleine Penthouse liegt auf dem Dach der Wiener Albenmilchzentrale.

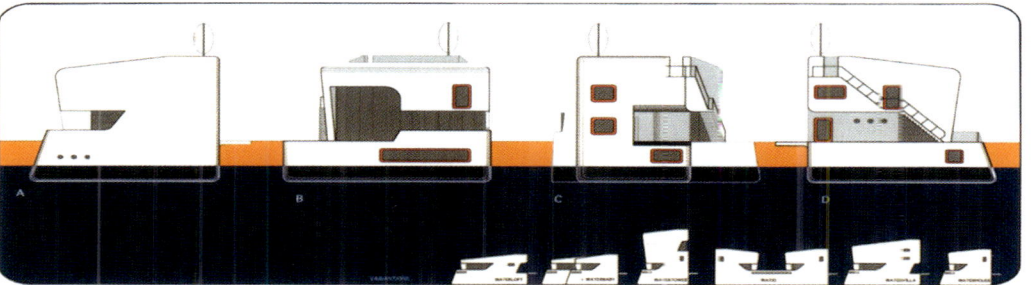

Archimedes heißt der Entwurf für ein Haus-Boot. Die Vision der Architekten Drost und van Veen wird aus Schiffsbaustahl gefertigt, versorgt sich selbst mit Energie und hat auf allen Meeren Platz.

Lärmbelastung gehört zu
den Problemen, denen man
mit einer architektonischen
Lösung abhelfen kann.
Wohnhaus in Herzebrock-
Clarholz, Architekt Reinhard
Martin, Seite 24

Wohnhaus in München-
Feldmoching, Architekten
Meck Köppel, Seite 42

Problem Platzmangel.
Mitten im Dorfkern liegt
das Wohnhaus mit Atelier
und Einliegerwohnung
in Absam, Tirol, Seite 58

Bauen auf schwierigen Grundstücken – Grund genug für Traumhäuser

Projekte

Es müssen ja nicht immer gleich Wasserfälle, Klippen, Gewerbebrachen oder die Weltmeere sein. Im klassischen Einfamilienhausbau klingen die Probleme, die ein Grundstück bergen kann, tatsächlich meist profaner: Sie sind zu klein oder zu schmal, ungünstig geschnitten oder nach Norden ausgerichtet, zu steil, zu feucht, zu bewachsen oder zu laut. Weniger Mut, Kreativität und Kompetenz bei der Bebauung fordern sie deswegen jedoch vom Bauherrn und seinem Architekten nicht. So ist im österreichischen Absam beispielsweise eine großzügige Hauserweiterung entstanden, obwohl hier, eingezwängt zwischen Kirche und Nachbarn, Platz zur Verfügung stand, der auf den ersten Blick vielleicht für einen Hühnerstall ausreichend erschien (Seite 58). Gebaut jedoch wurde ein knapp 300 Quadratmeter großes, beeindruckendes Raumgefüge, das durch die geschickte Planung der Architekten Delugan und Meissl den Altbau ergänzt und sich harmonisch mit diesem verbindet. Und das trotzdem mit einem Flachdach und einer technisch und architektonisch aufsehenerregenden Glaslamellenfassade unübersehbar zeitgemäße Zeichen im Dorfkern setzt. Zauberei? Eben nicht. Die mutigen Bauherren und

Rückseite des Wohnhauses
in Rheda-Wiedenbrück,
Architekten Hauer & Kortemeier, Seite 28

die Architekten, die sowohl mit dem Zeichen-stift als auch mit dem Gemeinderat und den herstellenden Firmen, die die prototypische Fassadenkonstruktion finanziell unterstütz-ten, umzugehen wussten, haben die scheinbar unlösbare Grundstücksproblematik genutzt und in ein Traumhaus verwandelt.

Die Raumnot jedoch ist nur eines der Prob-leme, die in diesem Buch behandelt werden. Schwierige Nachbarschaft – auch das ist ein Thema, für das es beispielhafte Lösungen gibt. 200 Meter Luftlinie beispielsweise trennen ein Grundstück in Rheda-Wiedenbrück von der A2. Unbebaubar war es jedoch deswegen nicht: Klug und architektonisch ansprechend planten die Architekten Hauer und Kortemeier hier einen Lärmschutzwall aus Sichtbeton, durch den man das wundersam ruhige Haus nun betritt. Wobei man Schutz nicht nur hin-ter geschlossenen Wänden, sondern auch hin-ter transparenten Pufferräumen finden kann: Dank eines gläsernen Wintergartens, der je nach Bedarf durch hölzerne Schiebeelemente verschattet und geschlossen werden kann, bekam eine junge Familie in Herzebrock-Clar-holz nicht nur einen fantastischen Raum als Erweiterung des Wohnzimmers und Über-gang in den Garten, sondern auch genügend akustischen Abstand von der lauten Landstra-ße in unmittelbarer Nähe (Architekt: Reinhard Martin).

Es kann Lärm sein, es kann auch einfach Dichte und Aufdringlichkeit sein, die ein Grundstück zu einem schwierigen Grundstück macht. In München beispielsweise steht ein Haus, das der Architekt Andreas Meck wie ein Schnecken-haus um einen kleinen Hof gewickelt hat. Ge-wonnen haben die Bauherren dadurch eine uneinsichtige Privatsphäre, die sie schützt vor den unattraktiven, mehrgeschossigen Wohn-silos an der einen Seite des Grundstücks und vor einem frequentierten Fußweg auf der an-deren Seite.

Idyllisch dagegen liegt das Haus Kaps in Zürich, inmitten eines Parks, ein wenig ver-steckt hinter einer alten Villa. Unproblematisch ließ sich jedoch auch hier nicht bauen: Denn der schöne alte Baumbestand sollte und musste natürlich erhalten bleiben und stren-ge Abstandsregelungen zwischen Villa und Neubau schränkten die planungsrechtlichen Möglichkeiten ein. Erfinderisch – und vorga-bengetreu – staffelten die Architekten Nägele und Waibel also die drei Geschosse und setz-ten das Haus zudem als leichte Holzkonstruk-tion auf eine teilweise auskragende Platte, unter der die Wurzeln der geschützten Bäume weiterhin ungehindert wachsen können.

Unbebaubar gibt es nicht –
das Verhältnis von Not und Tugend

Doch nicht immer ist schon der erste Käufer eines problematischen Grundstücks auch am Ende der zufriedene Hausbewohner. So wun-dersam all die Schwierigkeiten gelöst wurden, so mühsam war bisweilen der Entstehungs-prozess: Viele der vorgestellten Parzellen wechselten mehrfach Besitzer und Architekt, bis sich genau die trafen, die gemeinsam die Schwierigkeiten eines Grundstücks zu nutzen wussten. Doch der Aufwand lohnt sich: Man kann eine Kiesgrube bebauen ebenso wie ein vier Meter breites Stadtgrundstück oder vor-handene Bruchsteinmauern, eine Senke lässt sich zum Wohnen nutzen, selbst einen stren-gen Bebauungsplan kann ein kreativer Archi-tekt erfinderisch auslegen, um ein individuel-les Haus inmitten gleichförmiger Nachbar-bebauung zu planen.

Sind zwar gerade schwierige Grundstücke einzigartig, so haben wir die 25 vorgestellten Projekte doch in drei Gruppen eingeteilt: in Probleme mit

- Verkehrslärm,
- Grundstückszuschnitt
- und Baugrund.

Einfach übertragbar sind die baulichen Lösungen für diese Schwierigkeiten sicherlich nicht, zumal jedes Bundesland eine eigene Landesbauordnung besitzt und das Baurecht zwischen Deutschland, Österreich und der Schweiz, aus denen wir auch Beispiele vorstellen, natürlich ebenfalls variiert. Doch geben die starken Konzeptionen Hilfestellung und Anregung, wie auch bei ähnlichen Problemen aus der Not eine Tugend gemacht werden kann. Genau das nämlich ist allen Projektbeispielen gemein: Sie haben die spezifischen Schwierigkeiten ihres Grundstücks funktional vorbildlich und gestalterisch beispielhaft gemeistert, indem sie genau die spezifischen Schwierigkeiten zum Ausgangspunkte ihrer Gestaltung gemacht haben. »Schwäche in Stärke umwandeln« – das ist der Grundsatz, der nicht nur in der Psychologie, sondern auch in der Architektur aus einem schwierigen Grundstück eine Traumlage macht.

Sicher ist es eine Schwierigkeit dieses Buches, die Schwierigkeit eines Grundstücks auch tatsächlich sichtbar zu machen. Denn alle ausgewählten Beispiele sehen heute, nach ihrer Fertigstellung, so selbstverständlich aus, so überzeugend und so eindrucksvoll, als hätte es nie einen Kampf gegen Vorschriften, gegen städtebauliche Bedingungen, topografische Unwegsamkeiten oder gegen ungünstige Grundstücksproportionen gegeben. Zumal der Wunsch und die Kunst vieler Fotografen, die unattraktive Umgebung auszublenden, in der professionellen Architekturfotografie heute Usus ist. Eine Baubeschreibung erläutert daher klar die Probleme des Grundstücks und ihre architektonischen und bautechnischen Lösungen. Die Projekte werden anhand von anschaulich vereinfachten und vereinheitlichten Plänen, zumeist im Maßstab 1:200, lesbar gemacht. Und soweit die Bauherren Angaben machen konnten, wird in der Baulegende zudem der finanzielle Mehraufwand benannt, der durch die Bewältigung des jeweiligen Grundstücksproblems entstand.

Wir bedanken uns bei allen Architekten, Fotografen und Bauherren, die dieses Buch durch Unterlagen, Gespräche und Hinweise unterstützt haben.

Planungsgrundlagen – Bauplanungs- und Bauordnungsrecht in Deutschland

Flächennutzungsplan und Bebauungsplan

Ist die Wahl eines Grundstücks heute schon schwierig, so sind die Schwierigkeiten noch längst nicht bewältigt, wenn die Entscheidung gefallen ist. Denn noch ist vielleicht ungeklärt, ob dieses Grundstück bebaubar und ob es darüber hinaus nach den konkreten Vorstellungen seiner Besitzer bebaut werden darf. Auskunft darüber geben die Bebauungspläne, die von den Gemeinden als Satzungen beschlossen werden. Sie nämlich enthalten die Festsetzungen für die städtebauliche Ordnung. Entwickelt werden Bebauungspläne aus den so genannten Flächennutzungsplänen, die einen vorbereitenden Bauleitplan darstellen. Hat eine Gemeinde also noch keinen Bebauungsplan verabschiedet, gibt der Blick in die Flächennutzungspläne einen ersten Anhaltspunkt, ob das gewünschte Bauvorhaben auch tatsächlich verwirklicht werden kann, da die Flächennutzungspläne bereits Auskunft geben etwa über Bauflächen und -gebiete und ein Bebauungsplan, der auch verbindlicher Bauleitplan genannt wird, in der Regel einem Flächennutzungsplan folgt.

Der Bebauungsplan dagegen legt rechtsverbindlich fest, wie und wo gebaut werden darf und bestimmt:

(1) Art und Maß der baulichen Nutzung
(2) Bauweise, insbesondere die überbaubaren und die nicht überbaubaren Grundstücksflächen sowie die Stellung der baulichen Anlage
(3) die Mindestgröße, die Mindestbreite und die Mindesttiefe der Baugrundstücke
(4) die höchstzulässige Zahl der Wohnungen in Wohngebäuden
(5) Verkehrsflächen und Grünflächen
(6) die Gebiete, in denen zum Schutz vor schädlichen Umwelteinwirkungen im Sinne des Immissionsschutzgesetzes bestimmte luftverunreinigende Stoffe nicht oder nur beschränkt verwendet werden dürfen.

Doch schließlich gilt keine Regel ohne Ausnahme: Befreiungen von Festsetzungen durch den Bebauungsplan werden erteilt durch die Baugenehmigungsbehörde, wenn die Grundzüge der Planung nicht berührt und »Gründe des Wohls der Allgemeinheit die Befreiung erfordern oder die Abweichung städtebaulich vertretbar ist oder die Durchführung des Bebauungsplans zu einer offenbar nicht beabsichtigten Härte führen würde und wenn die Abweichungen auch unter Würdigung nachbarlicher Interessen mit den öffentlichen Belangen vereinbar ist« (§ 31 II BauGB).

Einsehbar sind Bebauungspläne oder Flächennutzungspläne bei den Städten und Gemeinden. Die zuständige Bauaufsichtsbehörde entscheidet zudem über eine so genann-

te Bauvoranfrage, die kostengünstiger als eine Einreichung sämtlicher für eine Baugenehmigung nötigen Unterlagen im Vorfeld schon klären kann, ob eine Bebauungsgenehmigung erteilt wird. Der Vorbescheid nämlich ist abschließend und bindend, das heißt, dass bei der endgültigen Baugenehmigung die vorweg durch den Vorbescheid entschiedenen Fragen nicht mehr zu prüfen sind.

Sind Grundstücke übrigens nicht von einem Bebauungsplan erfasst, richtet sich die baurechtliche Beurteilung nach ihrer Lage im so genannten »Innen-« oder »Außenbereich«. Grundvoraussetzung für die Zulässigkeit eines Vorhabens im Innenbereich ist nach § 34 BauGB, ob es sich in seine Umgebung einfügt, wobei sich das Merkmal des Einfügens nicht in erster Linie am äußeren Erscheinungbild der näheren Umgebung orientiert, sondern an den im BauGB und der BauNVO gesetzlich definierten städtebaulichen Kriterien, also an Maß und Art der baulichen Nutzung, offener oder geschlossener Bauweise und überbaubarer Grundstücksfläche sowie dem Gebot der Rücksichtnahme. Je nachdem also, wie einheitlich die Bebauung der Nachbarschaft aussieht, ist der Spielraum hier eng oder weit. Und jede Entscheidung eine Einzelentscheidung.

Gerade für Bauten im Innenbereich gelten allerdings häufig örtliche, von den Gemeinderäten erlassene und von deren gestalterischer

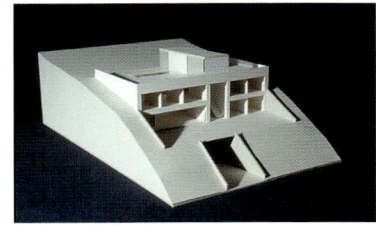

Je anspruchsvoller das Grundstück desto aufwändiger ist oft die Planung: Die Architekten des Projekts in Tobel, Seite 114, diskutierten vier Entwurfsvarianten mit der Bauherrenfamilie.

Aufgeschlossenheit abhängige Gestaltungssatzungen, die Vorgaben machen können bis zur Farbe der Fensterläden. Sie sind einzusetzen bei den Komunen.

Für den »Außenbereich« gilt in der Regel, dass so genannte »sonstige« Vorhaben nach § 35 II BauGB im Einzelfall ausnahmsweise zugelassen werden, wenn »ihre Ausführung oder Benutzung öffentliche Belange nicht beeinträchtigt« und die ausreichende Erschließung gesichert ist.

Abstandsflächen

Abstandsregelungen sind Teil des Bauordnungsrechts. Von Bundesland zu Bundesland unterschiedlich legen sie die Abstände der Gebäude untereinander und zu den Grundstücksgrenzen fest. Abstandsflächen sollen das »störungsfreie Nebeneinander« der Nachbarn garantieren, die Wohnqualität durch ausreichende Licht-, Luft- und Sonnenverhältnisse sichern und »öffentliche Belange«, also in erster Linie den Brandschutz berücksichtigen.

Lärmschutz

Alltagslärm, das weiß man heute, gehört zu den Umweltfaktoren, die die Gesundheit am meisten gefährden. Lärm erzeugt Stress, und Stress macht krank: Vom Tinnitus bis zum Herzinfarkt reichen die Reaktionen des menschlichen Körpers auf Lärm. Gewöhnen kann man

sich zudem an Lärm nicht. Selbst wenn die individuelle Wahrnehmung nachlässt, schädigt Lärm die Gesundheit. Lärmschutz ist daher ein wichtiger Bestandteil der Bauleitplanung, Orientierungswerte sind in der DIN 18005 festgelegt.

Der Architekt

Sicher ist es gut, wenn ein Bauherr sich ein wenig im Bauplanungs- und Bauordnungsrecht auskennt. Allein jedoch wird er keine Baugenehmigung erhalten, da er in der Regel kein Bauvorlagerecht besitzt. Ein Recht übrigens, das der Gesetzgeber aus dem Polizeirecht ausgegliedert hat, da es die öffentliche Sicherheit betrifft.

Es ist also nur zu verständlich, dass beim Bauen kein Weg am Architekten als kompetentem Fachmann, als bautechnischem und baurechtlichem Berater, als Sachwalter des Bauherrn vorbei geht. Und das erst recht bei der Bebauung eines schwierigen Grundstücks. So kommt zu der Schwierigkeit ein Grundstück zu finden, die Schwierigkeit den passenden Architekten für das Traumhaus zu engagieren. Referenzobjekte, Bücher oder Fachzeitschriften oder die Büroverzeichnisse der Architektenkammern sind bei der Auswahl sicherlich hilfreich. Einmal gefunden berät und organisiert, entwirft und kontrolliert, sondiert und detailliert der Architekt, holt Angebote ein

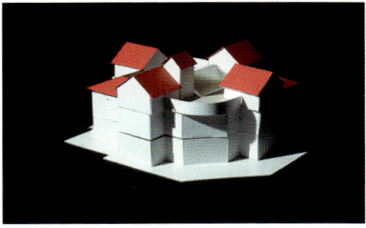

Bild unten: So stellte sich die Bauherrenfamilie ihr Wunschhaus vor.

und prüft sie kritisch, überwacht die Bauausführung und prüft die Rechnungen der Unternehmer. Und zwar ohne eigene Interessen, wie etwa sonstige Planer, Generalübernehmer oder Hersteller, sondern als Treuhänder des Bauherrn. Fragen nach Bodenverhältnissen etwa, Bauzonen und Bauverboten kann der Architekt gerade bei schwierigem Grund kompetent und frühzeitig klären und kann, wenn Vorverhandlungen mit den Behörden nicht ausreichen, sich durch einen geschickt formulierten Vorbescheid absichern.

Ist er beauftragt, schuldet er gemäß § 633 BGB das Entstehenlassen eines mängelfreien werks nach seinen Plänen, das heißt eine fehlerfreie Planung von der baurechtlichen Genehmigungsfähigkeit des Objekts an, also der Einhaltung der Bauvorschriften des Bauordnungsrechts des jeweiligen Bundeslands, der ordnungsgemäßen Koordinierung des Bauablaufs und der Bauüberwachung, von der richtigen Höhe des Treppengeländers bis zur ausreichenden Anzahl an Dehnungsfugen. Wobei vom kreativen Umgang mit dem Grund, von raffinierten Lösungen der vorhandenen Problematik, dem cleveren Spiel mit Abstandsflächen und Vorgaben hier nicht einmal die Rede ist. Der Bauherr schuldet dem Architekten hierfür das Honorar, das in der HOAI (rechtsverordnung der Bundesregierung), der »Honorarordnung für Architekten und Ingenieure«

festgelegt ist. Dort ebenfalls festgeschrieben sind die »Leistungsphasen«, in die sich die Arbeit des Architekten gliedert:

1. Grundlagenermittlung
2. Vorplanung
3. Entwurfsplanung
4. Genehmigungsplanung
5. Ausführungsplanung
6. Vorbereitung der Vergabe
7. Mitwirkung bei der Vergabe
8. Objektüberwachung
9. Objektbetreuung und Dokumentation

Die HOAI enthält Mindest- und Höchstsätze und richtet sich grundsätzlich nach den anrechenbaren Kosten des Objekts (§ 10 Abs. 2 HOAI), nach der Honorarzone (für Gebäude siehe §§ 11,12 HOAI) und der Honorartafel zu § 16 HOAI.

Übrigens: Ein Bonus für Kosteneinsparungen, der zwischen Bauherrn und Architekt ausgehandelt werden kann (§ 5 Abs. 4a HOAI), entkräftet das hartnäckige Vorurteil, der Architekt habe kein Interesse an niedrigen Baukosten, da sie auch sein Honorar schmälern. Die Voraussetzungen für die Berechtigung zur Führung der Berufsbezeichnung »Architekt« sind in den Ländergesetzen geregelt. Die Länderarchitektenkammern geben Auskunft, ob ein Architekt dort registriert und in der Architektenliste geführt wird. Nur dann darf er sich »Architekt« nennen.

Die Fachplaner

Alleine kann jedoch auch der Architekt nicht bauen: Die Vorschriften der Landesbauordnungen verpflichten den Bauherrn, für fachplanerische Leistungen entsprechende Fachplaner hinzuziehen. Schon bei unproblematischen Bebauungen stehen dem Architekten also Fachplaner, wie etwa der Statiker, zur Seite. Gerade bei schwierigen Grundstücken sind Sonderfachleute jedoch oft unverzichtbar, Vermessungsingenieure etwa oder Bodengutachter, Spezialisten für Heizung, Lüftung oder Elektro, bei deren Auswahl der Architekt seinen Bauherrn berät. Sie werden in der Regel ebenfalls auf Grundlage der HOAI honoriert.

Literaturhinweise:
Schwierigkeiten beim Häuserbauen, Reinhard Lettau, dtv

Beck-Rechtsberater, Rechtsfragen beim Bauen, Ulrich Werner und Walter Pastor, 11. Auflage, dtv

Grundrissatlas Wohnungsbau Spezial, Lösungen und Projektbeispiele für: Schwierige Grundstücke, Besondere Lagen, Dieter-J. Mehlhorn, Bauwerk

Der ideale Grundriss, Stephan Isphording, Holger Reiners, 2. Auflage, Callwey

Die jeweiligen Bauordnungen der Länder

Die Länderarchitektenkammern geben Auskunft über die Architekten- und Sachverständigenlisten, informieren über die HOAI und helfen mit Bauherrenbroschüren weiter. Eine Auflistung aller Internetadressen der Länderarchitektenkammern ist zu finden bei der Bundesarchitektenkammer unter www.bundesarchitektenkammer.de.

Problem Verkehrslärm

Das ideale Grundstück ist zwar gut an Nah- und Fernverkehr angebunden, liegt aber ruhig – eine Kombination, die kostengünstig selten zu haben ist. Viel häufiger sind Situationen wie in den folgenden Beispielen: die unmittelbare Nähe einer Hauptverkehrsstraße oder sogar der Autobahn. Der Deutsche Arbeitsring für Lärmbekämpfung gibt die Lärmstufe einer ruhigen Wohnstraße nachts mit 40 dB(A) an und verweist bei diesem Pegel bereits auf Lern- und Konzentrationsstörungen. Zum Vergleich: Schon das laute Ticken eines Weckers mit 30 dB(A) kann zu Schlafstörungen führen. Der Wert einer Autobahn liegt bei 80 dB(A). Dies senkt den Grundstückspreis und erfordert eine architektonische Lösung. Selbstverständlich hilft dabei zunächst eine möglichst massive, geschlossene Wand als Lärmschutzwall. Sie kann aber in eine repräsentative Front verwandelt werden, wie einige der Beispiele zeigen. Dennoch muss man sich nicht hinter einer Betonmauer verschanzen. Vor allem wenn die Lärmquelle im Süden liegt, kann eine zweite Haut aus Glas, etwa ein Wintergarten wie auf Seite 24, denselben Zweck erfüllen.

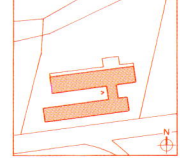  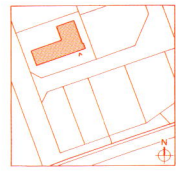 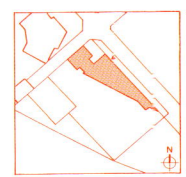 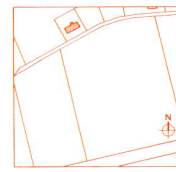

See, Sonne und die Straße

Architekt:
    Joachim Marx,
    Mammern, Schweiz
Tragwerksplanung:
    Ingenieurbüro
    Kiefer,
    Stein am Rhein
Fertigstellung:
    Mai 1999
Konstruktion:
    Stahlbetonbau
    mit Innendämmung
    und raumhoher
    Verglasung
    in schwarzen Alu-
    miniumrahmen
Mehrkosten:
    für das schwierige
    Grundstück
    nicht zu ermitteln
Grundstücksfläche:
    3.300 Quadratmeter
Standort:
    Hauptstraße 44–46
    Mammern
    Schweiz

Von der Straße aus präsentiert sich das Haus als geschosshohe, fast geschlossene Schall- und Sichtschutzmauer. Die große Öffnung führt in den Eingangshof und dient auch als Garagenzufahrt.

Wunderbare Lage direkt am Schweizer Bodenseeufer – auf eine solche Annonce im Immobilienteil fänden sich Interessenten genug. Wären da nicht der Nordhang und die stark befahrene Fernverkehrsstraße im Süden – Sonne und Lärm kommen aus derselben Richtung. Vor der Bebauung dieser Parzelle war außerdem der Ufersaum mit dichtem Unterholz zugewachsen, der Blick auf den See blieb verborgen. Ob die Naturschützer das Abholzen zulassen würden?

Der Architekt und Bauherr in der Nachbarschaft hatte das mittlerweile als schwer verkäuflich geltende Grundstück schon einige Zeit im Auge. Als der Preis nachgab, entschloss er sich zum Kauf. Ein Konzept gegen den Straßenlärm hatte er schon parat, er wusste auch, dass er das Unterholz roden durfte, denn nach geltender Schweizer Rechtsprechung zählen erst Flächen über 700 Quadratmeter als Wald. Die großen Bäume sollten selbstverständlich stehen bleiben. Die letzte und gleichzeitig schwierigste Hürde auf dem Weg zu seinem Traumhaus war allerdings noch nicht überwunden: die Vorgabe eines Satteldachs im Bebauungsplan. Mit Hilfe zweier Modelle, einer offensichtlich banalen Satteldachversion streng nach Vorschrift und seinem bevorzugten Entwurf gelang es ihm nach vielen Sitzungen, den Gemeinderat zu überzeugen. Zudem wurden ihm neben dem Flachdach weitere Aus-

Das Sichtbetonhaus teilt sich in einen zwei- und eingeschossigen Riegel, die sich dem Gelände anpassen und zum See hinunter staffeln.

Blick in Richtung Osten den Untersee hinauf, nach Kreuzlingen: ein Grundstück in bester Lage, wäre da nicht die Hauptverkehrsstraße, die den Bodenseekonturen folgt.

Lageplan M 1:1250

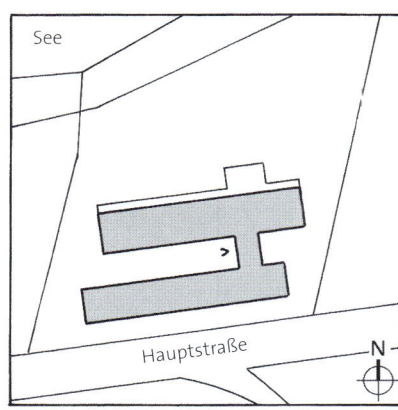

Von der Haustür aus blickt man auf die Wiesen westlich des Grundstücks. Rechts die Schiebetüren des auf der Nord- und Südseite raumhoch verglasten Wohnbereichs

Vom Eingangshof gelangt man sowohl in die Büroals auch die privaten Wohnräume. Er ist als Betonpergola ausgebildet.

nahmebewilligungen erteilt: Das Gebäude hätte nach den Auflagen nur 20 Meter lang sein dürfen, da der obere Betonriegel aber als effektiver Lärmschutz wirken sollte, durfte er eine Länge von 36 Meter aufweisen und außerdem dicht an die Straße gerückt werden.

Nach der sorgfältigen Analyse der Situation war nur eine Lösung mit zwei parallel zum Seeufer liegenden Baukörpern in Frage gekommen. Sie staffeln sich hangabwärts, folgen dem Geländeverlauf auf dem knapp 50 Meter breiten Streifen zwischen Straße und Seeufer. Die Büronutzung ist geschickt von den privaten Räumen getrennt, das zweigeschossige »Arbeitsgebäude« zur Straße mit Architekturbüro und einer kleinen Kunstgalerie dient als Lärm- und Sichtschutzwall. Eine zentrale Eingangshalle fasst die beiden Sichtbetonriegel zu einer H-Form zusammen. Dazwischen entsteht ein Innenhof, in dem die drei kleinen Kinder des Bauherrn weit weg von der Straße spielen können.

Das zum See orientierte flache Wohngebäude besteht im Prinzip aus einem einzigen Raum, der nur durch die beiden Badezimmer in Wohn- und Schlafbereich abgetrennt wird. Das große Kinderzimmer kann später in drei einzelne Räume unterteilt werden. Insgesamt wirkt der Baukörper mit seiner großflächigen Verglasung auf beiden Längsseiten leicht wie ein Gartenpavillon.

Die vorbeifahrenden Autos nehmen nur die fast 40 Meter lange eingeschossige Sichtbetonwand wahr, vielleicht im Augenwinkel noch das große Tor, das die Zufahrt zur Garage und den Eingang ins Architekturbüro markiert. Im Dorf kam es während des Bauprozesses zu heftigen Diskussionen um diesen rigorosen Entwurf. Inzwischen haben sich die Wogen geglättet, und der Architekt wurde sogar zum Bauvorstand der 500-Seelen-Gemeinde gewählt.

In dem kleinen verglasten Trakt zwischen den beiden Gebäudeflügeln liegt der Eingangsbereich für die Wohnung. Im Hof sind einfache, sandgestrahlte Betonplatten verlegt.

Ein breiter Block mit zwei-
seitigem Kamin trennt
im offenen Wohnbereich
Küche und Essen von dieser
Sitzgruppe ab. Durch die
Schiebetüren auf der Nordseite glitzert der See in
20 Meter Entfernung.

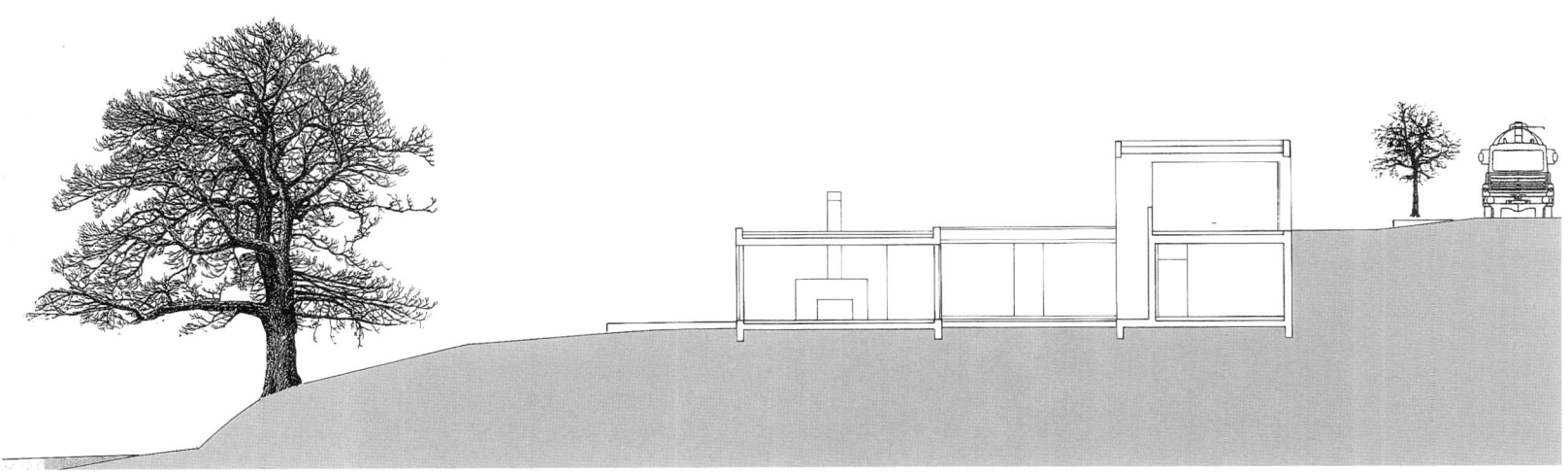

Nordsüdschnitt
M 1:250

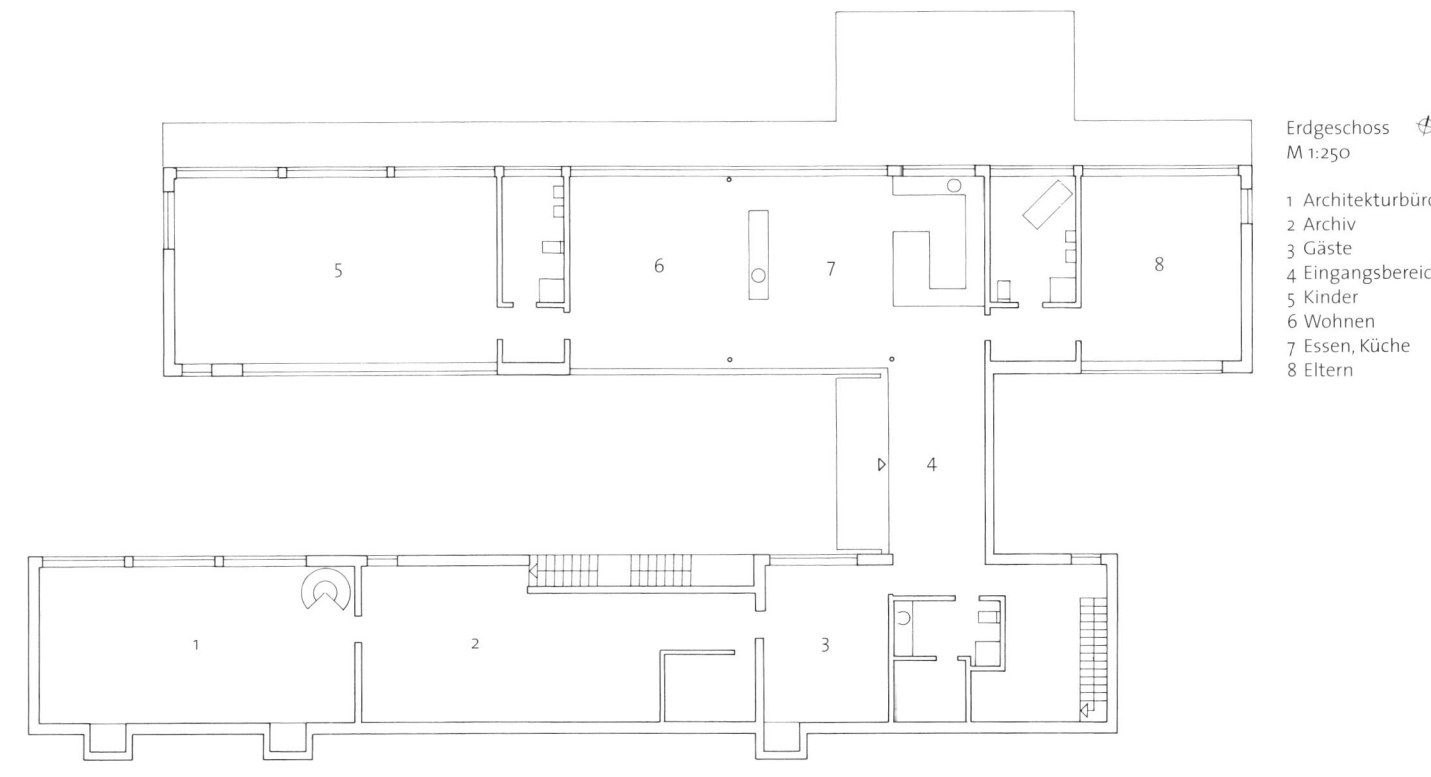

Erdgeschoss
M 1:250

1 Architekturbüro
2 Archiv
3 Gäste
4 Eingangsbereich
5 Kinder
6 Wohnen
7 Essen, Küche
8 Eltern

An der Landstraße

Architekt:
> Reinhard Martin,
> Münster

Mitarbeiter:
> Harald Koops,
> Margit Schmidtfrerick

Tragwerksplanung:
> Brox + Janninga

Fertigstellung:
> 2000

Konstruktion:
> Mauerwerk,
> verputzt, mit
> Betonfertigdecken,
> Holzdachstuhl

Mehrkosten Wintergarten:
> 19.500 Euro

Grundstücksfläche:
> 511 Quadratmeter

Nutzfläche:
> 140 Quadratmeter

Standort:
> Marienfelder Straße
> Herzebrock-Clarholz
> Nordrhein-Westfalen

Die Umgebung ist dicht bebaut. Nicht im Foto festhalten lässt der Verkehrslärm: Blick von der viel befahrenen Straße auf die Südseite des Hauses.

Auf den ersten Blick sind die Schwierigkeiten dieser Lage nicht gleich zu erkennen. Das kleine Grundstück liegt in einem typischen Neubaugebiet am Ortsrand eines westfälischen Dorfes. Die Bauherren, ein junges berufstätiges Paar, hatten es preisgünstig erstanden, und ihnen war klar, dass die zukünftigen Nachbarn ganz nah von drei Seiten an die Grundstücksgrenzen heranrücken würden. Nur nach Süden blieb der Blick frei. Ausgerechnet hier jedoch verläuft eine verkehrsreiche Landstraße.

Trotz der festgelegten Obergrenze der Baukosten – in ähnlicher Höhe wie die Fertighäuser in der Nachbarschaft – wünschte sich das Paar ein großzügig wirkendes, lichtdurchflutetes Haus, in dem sich trotz aller Offenheit genügend Rückzugsmöglichkeiten bieten. Eine massive Lärmschutzmauer auf der Südseite kam also nicht in Frage. Der Architekt fand die Lösung in einer klaren Hierarchie der Räume: Von der Haustür an der geschlossenen Nordfassade gelangt man durch sich immer weiter öffnende Räume zu einem kleinen Garten ins Freie. Der Übergang von innen nach außen verläuft sanft und fließend. Drei aufeinander folgende Schiebetüren erlauben einen beliebigen Grad der Transparenz und Öffnung, je nach Wunsch kann die gläserne Wand des Wohnbereichs zum zweigeschossigen Wintergarten aufgeschoben werden ebenso wie die Scheiben des Wintergartens selbst und zuletzt die großen Schatten-spendenden, hölzernen Lamellengitter, die an die Scheunentore der Bauernhöfe in der Umgebung erinnern. Zudem entsteht durch die exakte Spiegelung des Hausgrundrisses im geometrisch angelegten Garten eine gerade Sichtachse nach Süden, die die Perspektive scheinbar erweitert. Im Obergeschoss liegen die beiden größten Schlafzimmer, deren Fenster jeweils an den Giebelseiten des Hauses platziert sind und die zusätzlich ein »inneres« Fenster zum Wintergarten haben; so können die Bewohner bei geöffnetem Fenster schlafen, ohne dass der Straßenlärm stört.

Wegen der beengten Grundstücksverhältnisse entstanden beim Bau des Hauses Mehrkosten, die sich in den Angebotspreisen der ausführenden Firmen versteckten, denn es gab in der schmalen Stichstraße keine Wendemöglichkeit und keinen Platz für den Aufbau eines Krans. Dass dieses Haus trotzdem als kostengünstig bezeichnet werden kann, liegt an seiner kompakten Form, einer klaren, disziplinierten Baukörpergeometrie und der einfachen Konstruktion des Wintergartens aus handelsüblichen Stahlprofilen, einer Einfachverglasung und schlichten Lamellentoren aus heimischer Eiche.

Die Nordseite ist bis auf die Haustür und den »Sehschlitz« über der Küchenarbeitsplatte völlig geschlossen.

Im Gegensatz dazu öffnet sich die Südseite stufenweise zum Garten. Die schienengeführten Rolltore zur Verschattung des Wintergartens erinnern an traditionelle landwirtschaftliche Gebäude in Westfalen.

Lageplan M 1:1250

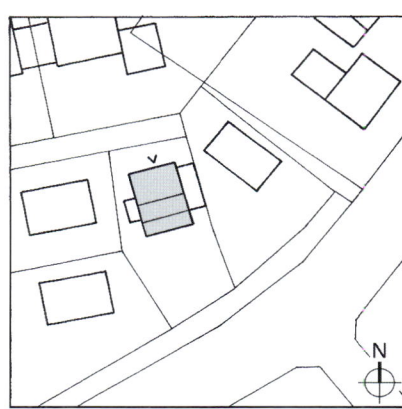

N

Der Wintergarten dient
als wirksamer Lärmschutz.
So können die Bewohner
sogar bei offenem Fenster
schlafen.

Die Pflanzen und die rot gestrichene Außenwand verbreiten in diesem Gartenzimmer
eine fast südländische Atmosphäre. Die Bauherren haben es inzwischen nicht nur als
Schall- und als Klimapuffer schätzen gelernt,
sondern es erweitert in dem oft nassen nord-
deutschen Wetter auch den Wohnraum unter
freiem Himmel mit verschiedenen Varianten
von Offen- und Abgeschlossenheit.

Isometrie Wintergarten

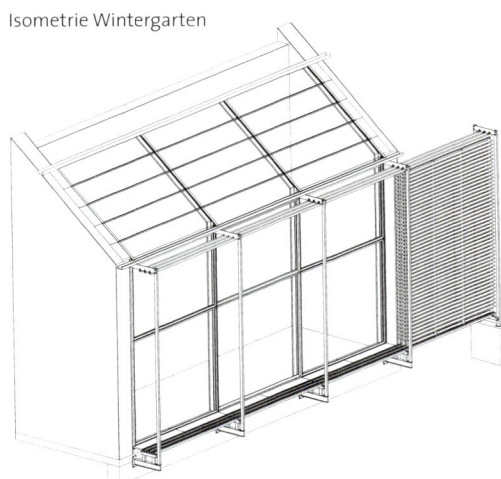

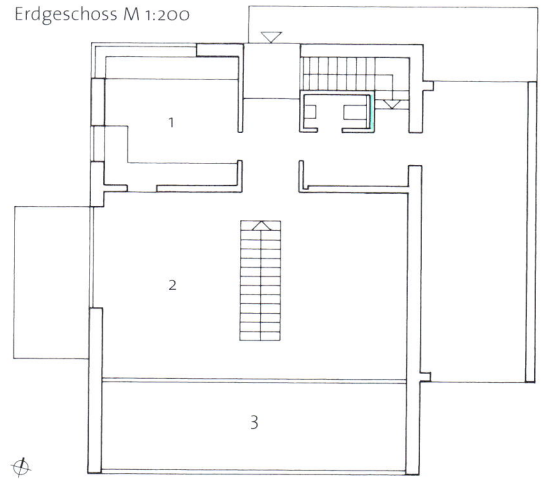

Erdgeschoss M 1:200

1
2
3

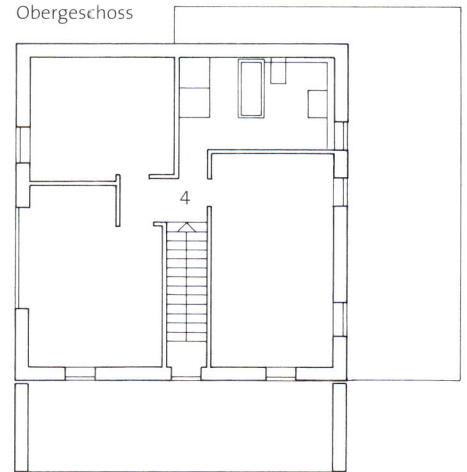

Obergeschoss

4

Legende Grundrisse
1 Küche
2 Essen, Wohnen
3 Wintergarten
4 Schlafräume

Der Entwurf weist hohe innenräumliche Qualitäten auf. Trotz der kleinen Grundfläche ergibt sich von der Haustür aus eine Sichtachse von 24 Metern.

An der Autobahn A2

Architekten:
> Hauer & Kortemeier,
> Gütersloh

Mitarbeiter:
> Roger Stein

Tragwerksplanung:
> Horst-W. Stein,
> Gütersloh

Fertigstellung:
> 1999

Konstruktion:
> KS-Mauerwerk mit
> Lärchenholzschalung

Mehrkosten Platten-
gründung:
> ca. 13.200 Euro

Grundstücksfläche:
> 614 Quadratmeter

Wohnfläche:
> 161 Quadratmeter

Standort:
> Allerstraße 26
> Rheda-Wiedenbrück
> Nordrhein-Westfalen

Lageplan M 1:1250

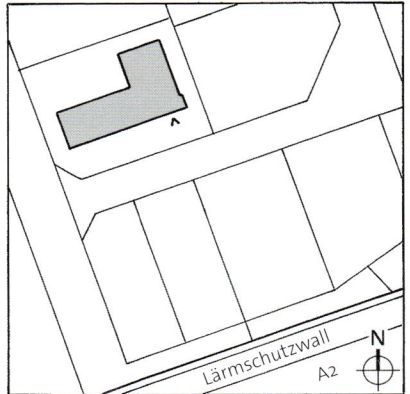

Lärmschutzwall   A2

N

Das Grundstück stellte gleich zwei größere Probleme. Das erste ist nicht zu überhören, denn es ist das stetige Rauschen der 200 Meter Luftlinie entfernten, stark befahrenen A2 südlich des Grundstücks. Der massive Lärmschutzwall der Autobahn schützt vor allem die Häuser, die direkt dahinter liegen, die Bauten in zweiter Reihe dagegen trifft der Lärm je nach Windrichtung unvermindert. Das Problem tritt in Rheda-Wiedenbrück häufig auf, da die Autobahn mitten durch den Ort führt. Die Architekten dieses Wohnhauses fanden eine beispielhafte Lösung für den Standort, indem sie an der südlichen Grundstücksseite einen zweiten Schutzschild aus Sichtbeton aufstellten. Zusätzlich erhielt das Haus eine solide tragende Gebäudekonstruktion aus großformatigen Kalksandplanelementen und einer dicken Mineralwolldämmung hinter der Lärchenholzverschalung.

Das zweite Problem war beim Grundstückskauf noch nicht zu erkennen: die schlechten Bodengrundverhältnisse. Bei Baubeginn stellte man fest, dass der Grund an der Oberfläche sehr feucht und wegen einiger Lehmschichten nicht ausreichend tragfähig war. Zu diesem Ergebnis führten aufwändige Geländeuntersuchungen mit Sondierbohrungen. Um sich weitere Kosten zu ersparen, wollte der Bauherr das Gebäude nicht unterkellern, tragfähig wurde der Grund jedoch erst ab 2,50 Metern

Der »Lärmschutzwall« von Süden, von der Straße aus gesehen. Hinter dem Fensterband liegen der Eingangsbereich und der Hausarbeitsraum mit Waschmaschine, in denen kein großer Wert auf Schallschutz gelegt wird.

Die Terrasse orientiert sich nach Nordosten. Der langgestreckte Flachbau an der Betonwand nimmt zwar etwas vom Lärm, aber nicht zuviel Sonne. Obwohl das Budget knapp war, fällt die sorgfältige Ausführung der einfachen Materialien auf.

Das Herz des Hauses der fünfköpfigen Familie ist nicht wie sonst üblich der Wohnbereich, sondern das großzügige, ineinander-übergehende Raumgefüge für Küche und Essen.

Der Bodenbelag im Erd-geschoss ist kostengünstig und pflegeleicht: Außer im Bad besteht er durch-gehend aus geschliffenem, gewachstem Zement-estrich.

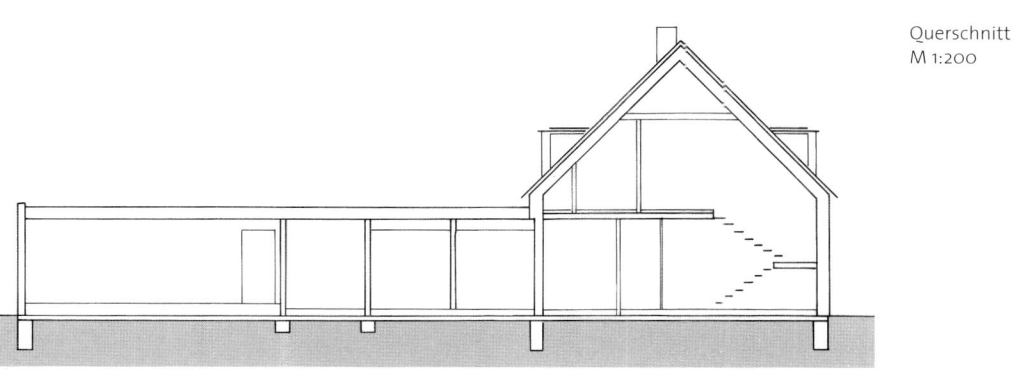

Querschnitt
M 1:200

Obergeschoss

Erdgeschoss
M 1:200

Legende Grundrisse
1 Garage
2 Küche
3 Essen
4 Wohnen
5 Eltern
6 Kinder

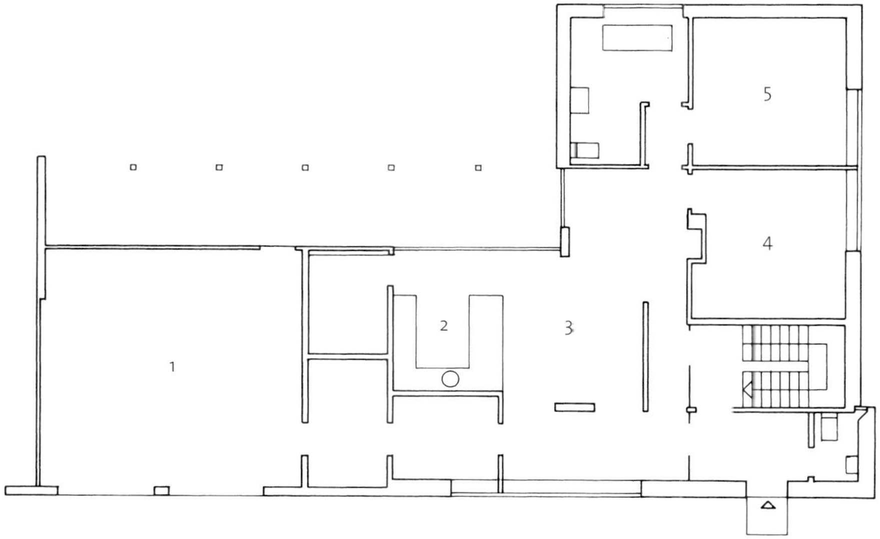

Tiefe. Dorthin reichende Streifenfundamente erwiesen sich ebenfalls als zu teuer. Auf der Suche nach Alternativen kamen die Planer zusammen mit dem Statiker und dem Bodengutachter letztendlich zu dem Schluss, eine L-förmige, bewerte Sohlplatte auf eine etwa 60 Zentimeter starke, kapillarbrechende Schotterlage zu setzen. Dass sich diese Lösung in dem Fall bewährt hat, kann man daran ablesen, dass auch nach zweieinhalb Jahren keinerlei Setzungsrisse aufgetreten sind.

Die sehr sauber ausgeführte Sichtbetonscheibe ist nicht nur tatsächlich wirksamer Schallschutz, sondern auch die architektonische Visitenkarte des Hauses. Direkt an die Betonscheibe stößt die Giebelseite, die sich entlang der Betonwand als Flachdachflügel fortsetzt; dort sind der Eingangsbereich, Nebenräume für die Hausarbeit und die Doppelgaragen untergebracht, die somit zusammen eine zweite schalldämmende Raumschicht bilden. Die L-förmige Grundrissanordnung nimmt die Terrasse in die Mitte und hält den Lärm auch hier weitgehend ab. Die Schlafräume befinden sich an der Nordseite und liegen somit am weitesten von der »Schallmauer« entfernt.

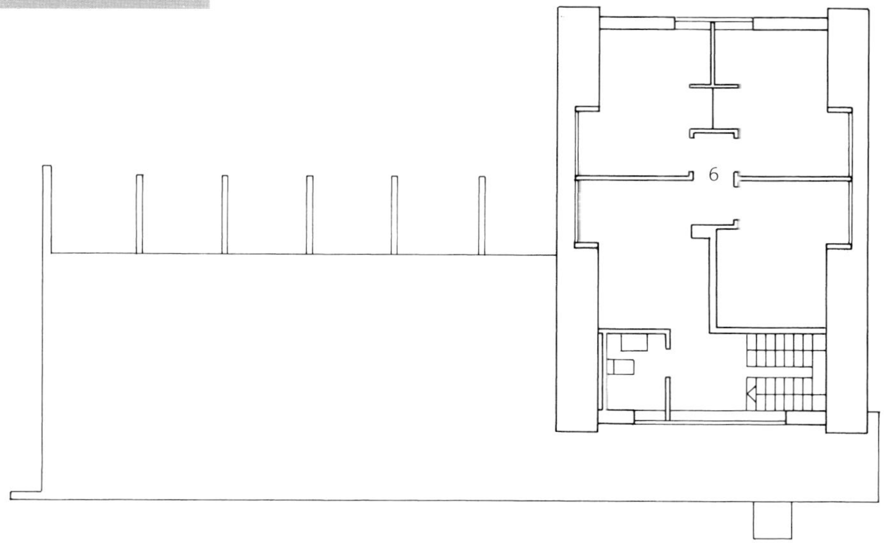

An der Autobahn A46

Architekten:
    Axel Knappstein
    Architekten,
    Arnsberg
Tragwerksplanung:
    Andreas Kopietz
Fertigstellung:
    2001
Konstruktion:
    Mauerwerksbau,
    weiß verputzt
Grundstücksfläche:
    1.500 Quadratmeter
Wohnfläche:
    250 Quadratmeter
Standort:
    Schillerstraße
    Arnsberg
    Nordrhein-Westfalen

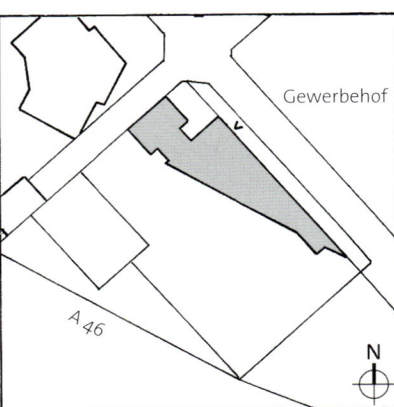

Gewerbehof

A 46

Lageplan
M 1:1250

N

Bislang schien es aussichtslos, die Schwierig-keiten dieses Grundstücks in extremer Lage mit architektonischen Mitteln zu lösen. An seiner Grenze im Südwesten, zirka 40 Meter vom Baufeld entfernt, erhebt sich eine dicht begrünte, steile Böschung: der vier Meter hohe Schutzwall der Autobahn A46. Bei einem Bau-vorhaben mussten also auch die planungs-rechtlichen Auflagen des Autobahnamts be-rücksichtigt werden. Diese ließen scheinbar keine sinnvolle Bebauung zu. Als zusätzliche Lärmquelle sollte in naher Zukunft im Nord-osten auf der gegenüberliegenden Straßen-seite ein Gewerbehof entstehen, und so galt das Landstück, obwohl es eben und recht groß war, vor dem Verkauf allgemein als unbrauch-bar.

Bei einem ersten Besuch vor Ort stellten der neue Bauherr und sein Architekt jedoch fest, dass die größte Störung wohl demnächst vom Gewerbehof ausgehen werde. Der Haupt-teil des Autobahnlärms zieht über das Grund-stück hinweg und belästigt vor allem die Bewohner der Siedlungen auf den Hängen der Stadt in etwa einem Kilometer Entfernung. Daher war es an dieser Stelle wichtiger, eine vom Gewerbehof abgeschirmte und unein-sehbare Wohnsituation zu schaffen. Der Archi-tekt entschied sich, die aus den planungs-rechtlichen Auflagen – 40 Meter Abstand zur Autobahn – resultierende Dreiecksform des

Von der Straße aus betrachtet wirkt das Haus mit seiner langen Lochfassade auf der Nordostseite neben den Mehrfamilienhäusern der Nachbarschaft wesentlich größer als es ist. Von seiner Dreiecksform lässt sich nichts ahnen.

Baufensters zu nutzen. So entstand die Grundrisskonfiguration mit Haupthaus und Kopfbau. Beide Bauteile werden auf der Straßenseite mit einer geschosshohen Mauer verbunden, der Zwischenraum ist überdacht, sodass eine großzügige Terrasse entsteht.

Das Baufeld in der nördlichen Ecke hätte auch für ein Mehrfamilienhaus gereicht. Zur Autobahn hin war Schall- und Sichtschutz nicht das Problem. Hier konnte das Haus mit einer 18 Meter langen und 5,6 Meter hohen Pfosten-Riegel-Fassade nach Südwesten geöffnet werden. So sind die Innenräume bestens belichtet und nutzen passiv die Sonnenenergie, während die Nordseite als sparsam befensterte Lochfassade die Wärme speichert. Die Heizkosten fallen um ein Drittel niedriger aus als veranschlagt. Ein außenliegender Sonnenschutz verschattet die Fassade im Sommer. Im Kopfbau sind Fitness- und Abstellraum untergebracht. So musste das Gebäude auch nicht unterkellert werden, und die veranschlagten Baukosten wurden nicht überschritten. Die im Südosten folgenden Reststücke werden auch in Zukunft nicht bebaut werden, da sie zu klein sind. Damit ist der schneeweiße Gebäudekeil als Bauform auch insofern legitimiert, als dass er den Endpunkt einer linearen, städtebaulichen Konfiguration bildet.

Auf der Gartenseite dagegen überrascht die Offenheit des Hauses: Nach Südwesten sind bestens belichtete Wohnräume gerichtet. Das Grundstück wird vom etwa gleich hohen Wall der Autobahn begrenzt.

Auch im Inneren setzt
sich die sachlich-moderne
Architektursprache fort.
Treppenwange und Brüs-
tungen sind glatt verputzt
und weiß gestrichen.

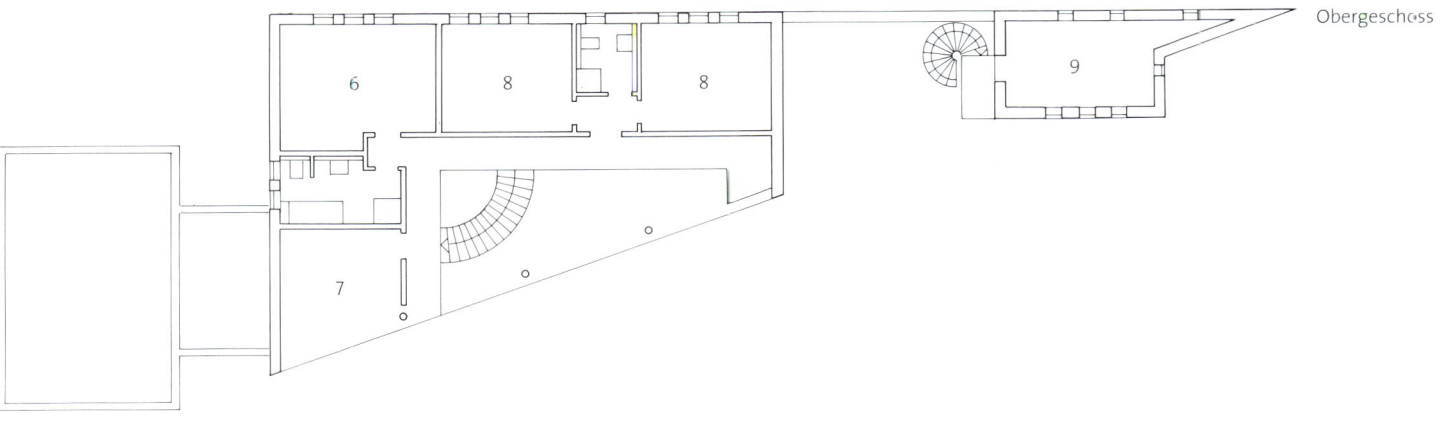

Obergeschoss

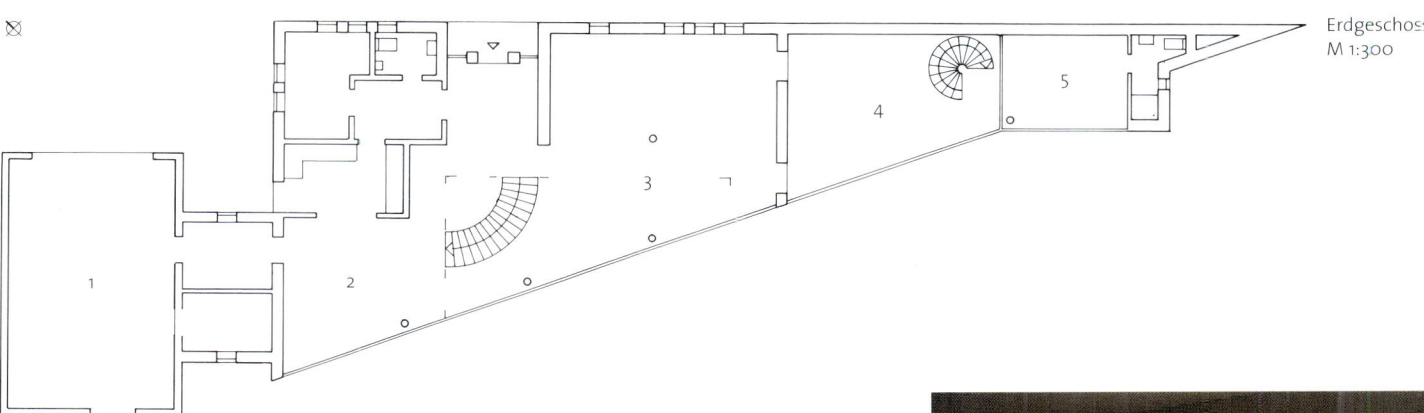

Erdgeschoss
M 1:300

1 Garage
2 Essen
3 Wohner
4 Überdachte Terrasse
5 Fitness
6 Eltern
7 Büro
8 Kind
9 Abstellkammer

Der Blick ins Grüne lässt die Umgebung schnell vergessen. Gäste stellen mit Erstaunen fest, wie ruhig und hell es im Inneren ist.

Ein Landhaus

Architekt:
Rainer Köberl,
Innsbruck
Tragwerksplanung
Holzbalkendecke:
Wolfgang Eccher,
Innsbruck
Fertigstellung:
1999
Konstruktion:
erdberührend WU-
Beton, Wände 38 cm
Ziegelmauerwerk
beidseitig verputzt,
Decken Beton,
oberste Decke
Holzbalkendecke
Mehrkosten:
15 Prozent der
Baukosten
Grundstücksfläche:
500 Quadratmeter
Nutzfläche:
147 Quadratmeter
Standort:
Kramsach-Voldöpp,
Tirol, Österreich

Die Schwierigkeiten, die mit dem Bau eines Hauses verbunden sind, können auch in der Verantwortung einer schönen Landschaft gegenüber liegen. Versteht es der Architekt, eine ungewöhnlich reizvolle Umgebung durch eine zurückhaltende Lösung nicht zu stören, sondern zur Geltung zu bringen, oder missbraucht er sie zur Selbstdarstellung? Hier am Rand eines alten Weilers im Landschaftsschutzgebiet der Kramsacher Seen bestand zudem noch die Gefahr einer Anbiederung an einen falsch verstandenen alpenländischen »Heimatstil«. Rainer Köberl hat allem widerstanden. Sein »Eingriff« in die Landschaft geschieht bewusst verhalten und stellt im Inneren ein abwechslungsreiches Raumgefüge mit einfachen Mitteln dar.

Im Vergleich zur Schwierigkeit, in dieser Umgebung angemessen zu bauen, betrachtet der Architekt die topografischen Gegebenheiten des Grundstücks nicht als problematisch. Dabei handelt es sich um einen steilen Hang mit einem Höhenunterschied von fünf Metern; im Süden begrenzt es ein Feldweg, und 200 Meter weiter liegt die vor allem im Sommer stark befahrene Straße in Richtung Seen. Das Haus sitzt daher direkt am Weg, und seine fast geschlossene Südwand erfüllt dreierlei Funktionen: Sie dient sowohl als Stützmauer wie auch als Schutzschild gegen den Lärm und die Sonne, die im Sommer auf

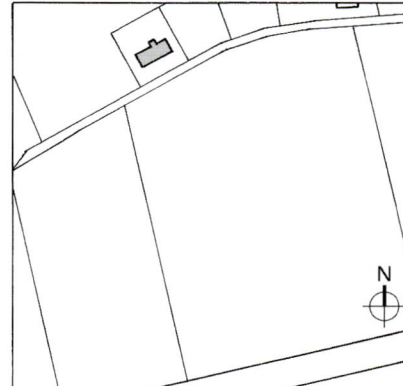

Lageplan
M 1:2500

Üblicherweise wird das Wohnhaus an den Nordrand des Grundstücks gesetzt. Da hier im Süden jedoch eine stark befahrene Straße vorbei führt, bildet es vorne am Feldweg eine Schutzmauer für die Freiflächen auf seiner Rückseite. Links die Haustür

Oben am Hang entsteht ein reizvoller, geschützter »Hinterhof«. Die Stützmauern für einen späteren Zubau sind schon angelegt.

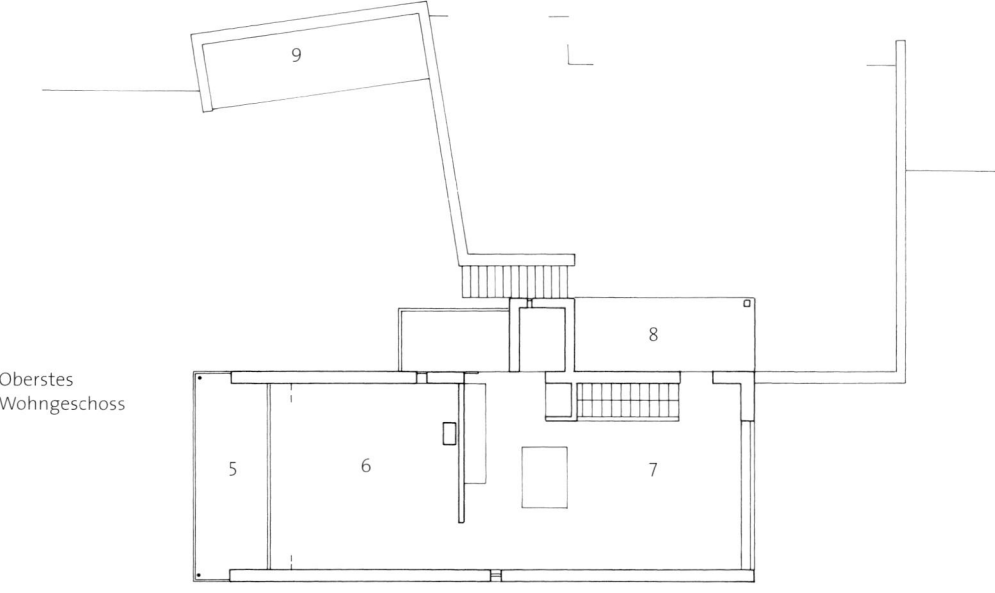

Oberstes Wohngeschoss

1 Gästezimmer mit Bad
2 Diele
3 Haustechnik
4 Vorratskeller
5 Loggia
6 Wohnen
7 Küche, Essen
8 überdachte Terrasse
9 mögliche Erweiterung

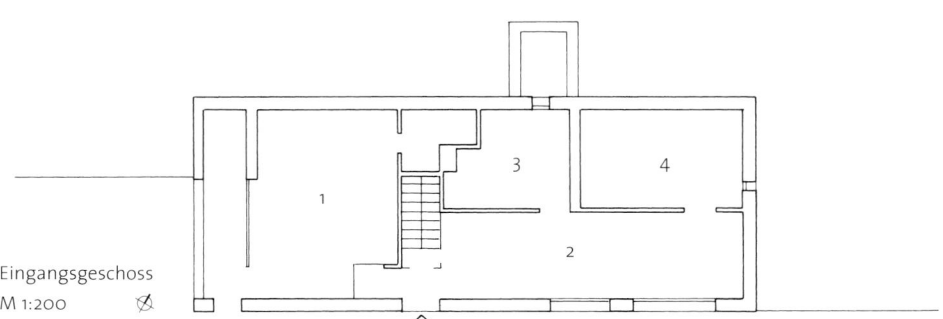

Eingangsgeschoss
M 1:200

den Hang brennt. Der Garten und ein beschatteter Freiplatz liegen von Einblicken abgeschirmt hoch oben auf der Hangseite. Im Gegensatz zur Südseite öffnen sich die schmalen Ost- und Westfassaden in Richtung der Blickachsen des Tals.

In der Bauphase stieß man auf eine Quelle, die glücklicherweise nördlich der Grundmauern lag. Sie findet als Brauchwasser Verwendung. Geheizt wird mit Sonnenenergie und einem zentralen Holzofen, einer darüberliegender Hypokaustenwand und einigen Wandheizungsflächen. Der Sand für den naturfarbenen Putz für Innen- und Außenwände stammt ebenso wie Bauholz aus dem dahinter liegenden Rofangebirge. Damit ordnet sich das schlichte, fast karge Haus nicht nur seiner Umgebung unter, sondern sein Material- und Energiekonzept wird auch dem Anspruch der Nachhaltigkeit gerecht.

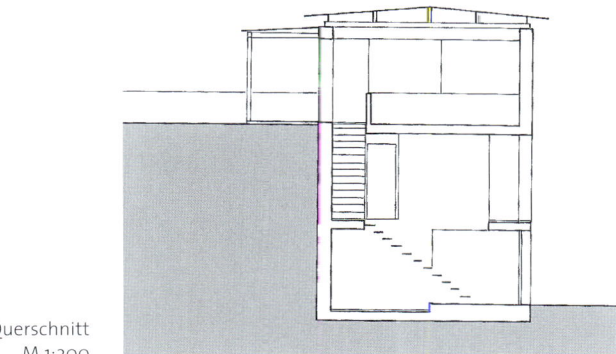

Querschnitt
M 1:200

Der große Wohnraum
noch vor dem Einzug der
Familie. Er nimmt das
ganze oberste Geschoss
ein. Für Behaglichkeit sorgt
hier vor allem die fast
raumhohe Hypokausten-
wand in der Mitte.

Problem
Grundstückszuschnitt

Vor allem in den Parzellen mit ungünstiger Form liegt oft die größte Chance, aus dem Nachteil einen Vorteil zu ziehen. Zwar muss sich der Bauherr meist von seiner Vorstellung eines Häuschens mit quadratischer Grundfläche und Satteldach in der Mitte einer Wiese trennen. Dafür erweist sich ein den Gegebenheiten genau eingepasster Entwurf dann als die räumlich reizvollere Lösung, die zudem einzigartig ist. Auch der Schutz alter Bäume, so schön sie sind, kann das Baufeld erheblich verkleinern. Dies erfordert Kompromisse, die Kubatur des Gebäudes muss darauf antworten. Drei Beispiele zeigen Möglichkeiten, wie man sich bei stark einsehbaren Situationen mit der räumlichen Anordnung des Hauses behelfen kann, ohne auf das Wachsen meterhoher Hecken warten zu müssen. Manchmal liegt der Grund aber auch am Rand eines Wohngebiets wie im zugegeben idealen Fall auf Seite 64; da genügt es, den Zuschnitt des spitzwinkligen Dreiecks nicht durch Zäune oder Abgrenzungen noch zu betonen, sondern man lässt es sanft und unmerklich in die Landschaft übergehen.

Auf dem Präsentierteller

Architekten:
  Andreas Meck,
  Stephan Köppel,
  München
Mitarbeiter:
  Susanne Frank,
  Christian Summer
Tragwerksplanung:
  Ingenieurbüro
  Haushofer,
  Markt Schwaben
Fertigstellung:
  Dezember 1999
Konstruktion:
  24 cm starkes
  Ziegelmauerwerk,
  holzverkleidet
Besonderheiten:
  Niedrigenergiehaus
  mit Sonnenkollek-
  toren auf dem Dach
Grundstücksfläche:
  627 Quadratmeter
Wohnfläche:
  148 Quadratmeter
Standort:
  Ignatius-Blenninger-
  Straße 11, München
  Bayern

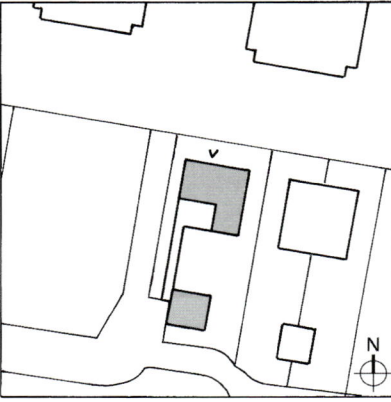

Lageplan
M 1:1250

Die nahe S-Bahn-Station legte eine umfang-
reiche Erweiterung des alten Wohngebiets in
dem Münchner Vorort nahe. So erlebten die
»Alteingesessenen«, deren Grundstücke ganz
allmählich seit den sechziger und siebziger
Jahren bebaut worden waren, mit einigem
Unbehagen, wie in kürzester Zeit viergeschos-
sige Mietwohnblöcke hochgezogen wurden
und ein neues Wegenetz vor ihrem Gartenzaun entstand. Auch kleinere Restgrundstücke
wurden rasch aufgefüllt. Argwöhnisch wird
inzwischen vor allem das jüngste Einfamilienhaus in ihrer Nachbarschaft beäugt: ein holz-
beplankter Bau mit einem Flachdach, der so
gar nichts mit seiner Umgebung zu tun
haben will.

Die Situation dieses Hauses ist rundum
stark einsehbar: Fußwege führen an zwei Seiten vorbei, im Süden liegt die Zufahrtsstraße
mit Wendeplatz, der eine Ecke des schmalen
Grundstücks abschneidet, das Nachbarhaus
im Osten rückt bis auf wenige Meter heran,
und im Norden sitzen den Hausbewohnern die
Südbalkone der Wohnblöcke förmlich im Na-
cken. Für ihren verständlichen Wunsch, sich
einzuigeln, erdachten die Architekten das Konzept eines »Schneckenhauses«. Es nimmt mit-
samt seinem Innenhof genau das im Bebauungsplan vorgegebene Feld von 12 mal 12 Metern ein. Eine harte, raue Schale schützt den
gläsernen, privaten Kern. Die Raumfolge führt

von außen, von den öffentlichen, halböffentlichen Bereichen immer weiter nach innen zu kleineren, intimeren Rückzugsbereichen. Es entsteht eine Spiralbewegung im Grundriss: Vom Hauptzugang an der südlichen Grundstücksgrenze und dem vorgelagerten Carport, der den Garten vor Einblicken schützt, führt der Weg an der mannshohen Mauer entlang der Westseite zum spärlich befensterten Wohnkubus, am kleinen Hof vorbei und dann ins Innere. Im Erdgeschoss sind Wohnen, Essen und Kochen in L-Form angeordnet; über die Treppe setzt sich die Raumfolge nach oben fort, wo sie in Schlafraum, zwei Kinderzimmern und einem kleinem Arbeitsplatz mit Oberlicht endet. Unabhängig davon betritt man vom öffentlichen Fußweg auf der Nordseite aus ein kleines Büro mit separatem Eingang.

Obwohl im Bebauungsplan ein Passus vorgesehen war, dass unter bestimmten Umständen ein Flachdach genehmigt werden könnte, kostete es dennoch viel Zeit und Nerven, es für dieses Haus bei der Behörde durchzusetzen. Als eines der Argumente, das sie gelten ließ, zählte schließlich das geförderte Niedrigenergiehaus, das Platz für Sonnenkollektoren auf dem Dach benötigte. Ein weiterer stritti-

Auf der Ostseite gibt sich das Haus verschlossen. Hier trennt die Nachbarn nur ein schmaler Streifen Grün.

ger Punkt war die hohe Gartenmauer, da es in München eine »Vorgartensatzung« gibt, die keine hohen Umfassungsmauern erlaubt. Deshalb wurde der Sichtschutz auch zwei Meter von der Grundstücksgrenze entfernt aufgestellt.

Bei diesem stark einsehbaren Grundstück in unmittelbarer Nähe einer mehrgeschossigen Wohnbebauung bietet das Konzept eines »Schneckenhauses« viele gestalterische Möglichkeiten, die Übergänge zwischen öffentlich und privat zu variieren.
Oben: Entwurfsskizze

43

Die äußere Schale besteht aus Ziegelmauerwerk mit einer rohen, ungehobelten Lärchenholzverkleidung, die bereits eine silberne Patina angenommen hat.

Sitzt man jedoch in dem kleinen Innenhof, umgeben von den schützenden Wänden und den großzügigen Glasflächen der Wohnbereiche, ist die Außenwelt vergessen. Der Blick fällt von hier auf den südlichen Teil des Gartens mit seinem schönen alten Baumbestand. Nicht zuletzt wegen der Feuerstelle zum Grillen ist der Hof zum Lieblingsplatz der Familie geworden.

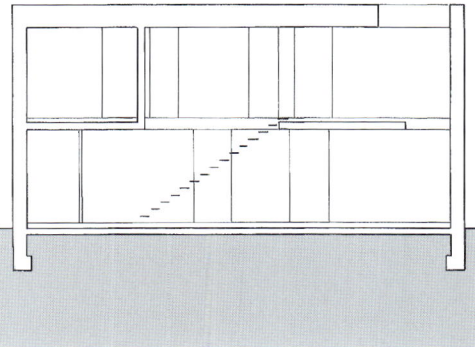

Schnitt
M 1:200

Küche, Essen und Wohnen nehmen einen einzigen langgestreckten Raum ein, der nach Süden über die gesamte Hausbreite verglast ist.

Obergeschoss
M 1:200

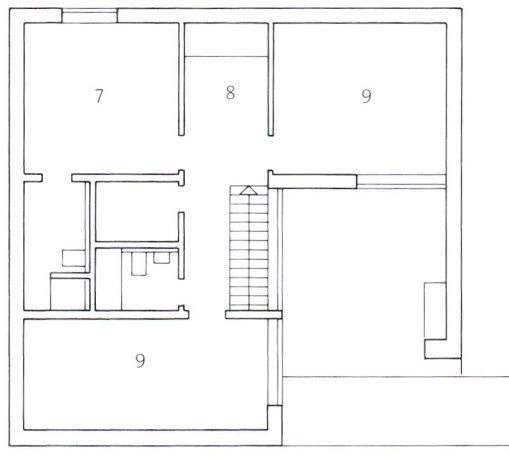

Einzig das Wohnzimmer öffnet sich mit einer großen Glaswand. Der alte Baumbestand schützt vor neugierigen Blicken.

Erdgeschoss M 1:200

1 Büro mit separatem Eingang
2 Küche, Essen
3 Wohnen
4 Terrasse
5 Kamin
6 Carport
7 Eltern
8 Arbeiten
9 Kind

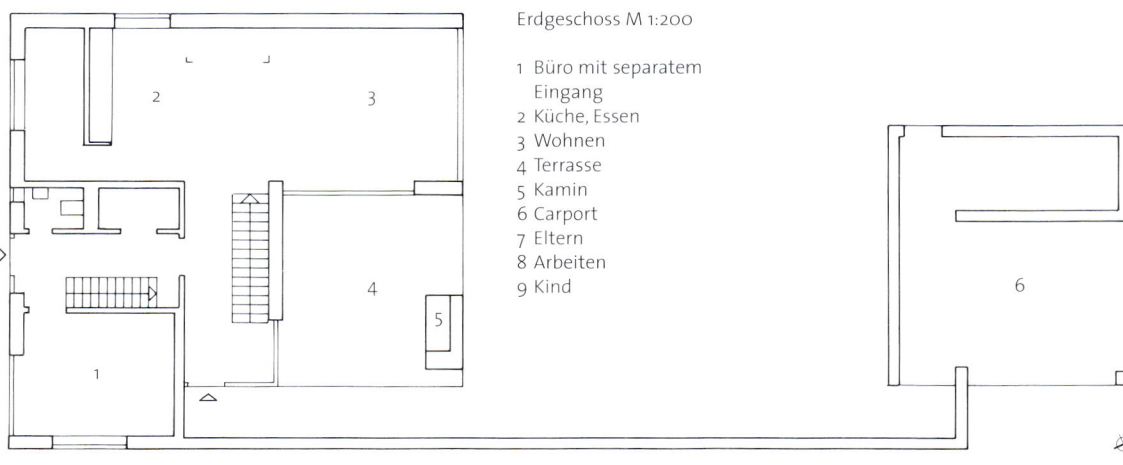

Nachverdichtet

Architekten:
Freistil Architekten,
Hamburg
Arne Nachtigahl,
Stephan Tietjen
Mitarbeiter:
Will Heckhoff, Sabine
Zweig, Corinna Kloss
Fertigstellung:
2001
Tragwerksplanung:
Mädge & Kretzschmar,
Brakel
Generalunternehmer:
Stauer & Sohn,
Wendisch-Evern
Konstruktion:
Holzrahmenbauweise
mit einer massiven
Zwischenwand als
Energiespeicher
Grundstücksgröße gesamt:
1.195 Quadratmeter
Wohnfläche:
150 Quadratmeter
Standort:
Luhdorfer Straße 84
Winsen/Luhe
Niedersachsen

Auf der Suche nach einem preiswerten Grundstück stoßen Bauwillige oft auf sehr kleine Parzellen um die 500 Quadratmeter oder aber auf große, auf denen bereits ein Haus steht. Auch in diesem Fall handelt es sich um eine so genannte Nachverdichtung. Das Beispiel zeigt aber, dass ein perfekt auf die Bauherrenbedürfnisse abgestimmtes Haus entstehen kann, das aus dem Bauträgereinerlei der Nachbarschaft heraussticht, selbst wenn es eng zugeht und die Bedingungen alles andere als ideal sind.

Auf dem knapp 1.200 Quadratmeter großen, langen, schmalen Grund steht das vorhandene dreigeschossige Wohnhaus vorne an der straßenseitigen Baugrenze. Nach den räumlichen und baurechtlichen Vorgaben ließ sich das zweite Haus nicht einfach ans andere Ende ins Grüne stellen, sondern musste dicht am Bestand in einem Baufeld von 7,5 x 15 Metern Platz finden. Auch die Nachbarhäuser im Süden und Norden liegen hier sehr nahe. Trotzdem wünschten sich die Bauherren, eine Familie mit drei Kindern, ein Gebäude, das sich zur Sonne öffnet und die Solarenergie mit Kollektoren auf dem Dach passiv nutzt. Eine weitere Schwierigkeit stellte eine vorhandene Garage dar, die Bauherren und Architekten jedoch unbedingt erhalten wollten. Sie ragt zwei Meter über die westliche Baugrenze hinaus; hätte man sie abgerissen und eine neue gebaut,

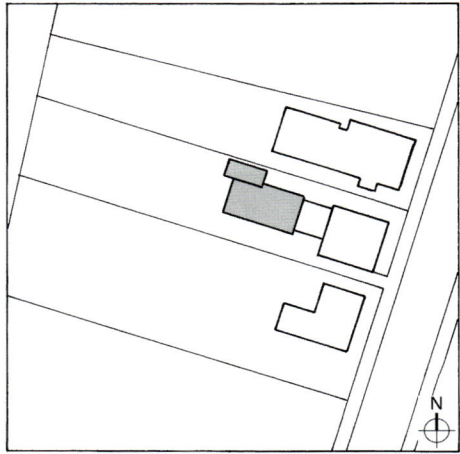

Lageplan
M 1:1250

Fünf runde Stahlstützen übernehmen die Tragfunktion auf der Südseite, daher kann die Außenwand hauptsächlich aus Glas bestehen. Das gläserne Vordach sorgt für zusätzlichen Wetterschutz für die Holzverschalung.

Ein häufiges Problem – ein handtuchschmaler Grund. Zudem steht das Haus in zweiter Reihe. Blick vom dreigeschossigen Vorderhaus auf die Nordostseite mit dem Treppenaufgang zu der Kinderzimmern

dürfte die Grenze nicht mehr überschritten werden, und es ginge noch mehr Platz verloren. So nahmen die Architekten die Garage als Ausgangspunkt der Planungen.

Das Haus sollte aus Kalksandstein gebaut werden. Bei der Ausschreibung machte jedoch ein Generalunternehmer ein überraschend günstiges Angebot für ein Holzhaus, das Bauherr und Planer wegen des knappen Budgets nicht ausschlagen wollten.

Mit einigen geschickten Gestaltungselementen gelang es nun den Architekten, trotz des schmalen Grunds ein großzügiges Raumgefühl zu schaffen: etwa die Südseite des Hauses, die sich mit Faltschiebetüren fast vollständig öffnen lässt – die Lasten an dieser Stellen übernehmen fünf Stahlstützen – oder das Oberlichtband zwischen den versetzten Pultdächern, ebenso der Luftraum über dem Essplatz oder die Treppe zu den Kinderzimmern. Mag der Außenraum knapp bemessen sein, allein schon die Auswahl von zwei Freisitzen, nach Osten und Süden, hebt das Wohngefühl.

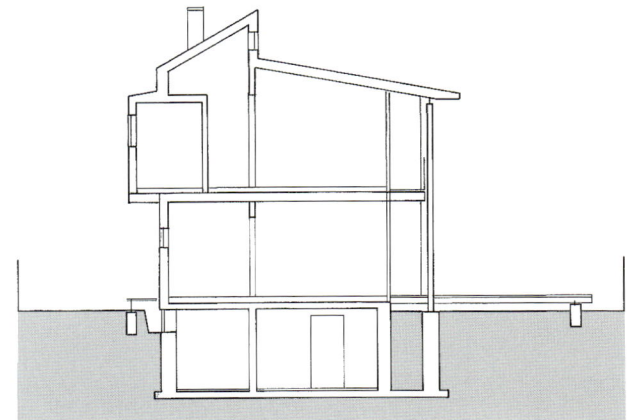
Querschnitt
M 1:200

Vom Wohnzimmer führen
zwei Stufen hinauf zur
Diele am Eingang links und
zum Koch- und Essbereich.
Das Zentrum des Raums
und des ganzen Hauses
bildet der Kamin.

Rechts der Flur mit Galerie im Obergeschoss. Unten: Beim Essplatz zu ebener Erde spürt man zwar die Nähe des Nachbarn deutlich, doch schafft der Ausschnitt in der Decke hier ein etwas großzügigeres Raumgefühl.

Obergeschoss

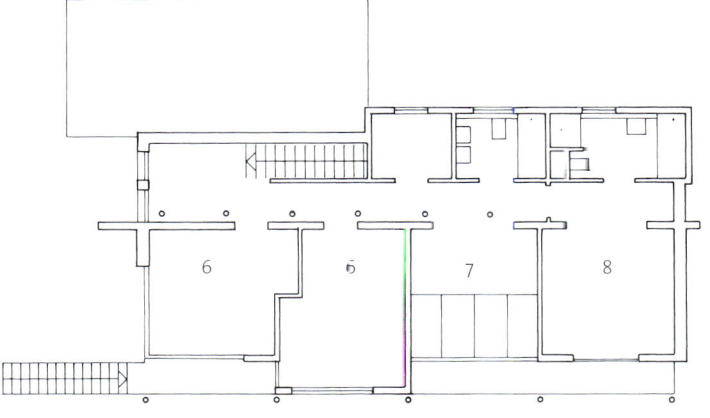

Erdgeschoss
M 1:200

1 bestehende Garage
2 Wohnen
3 Küche, Essen
4 Hauswirtschaftsraum
5 Holzdeck
6 Kind
7 Galerie
8 Eltern

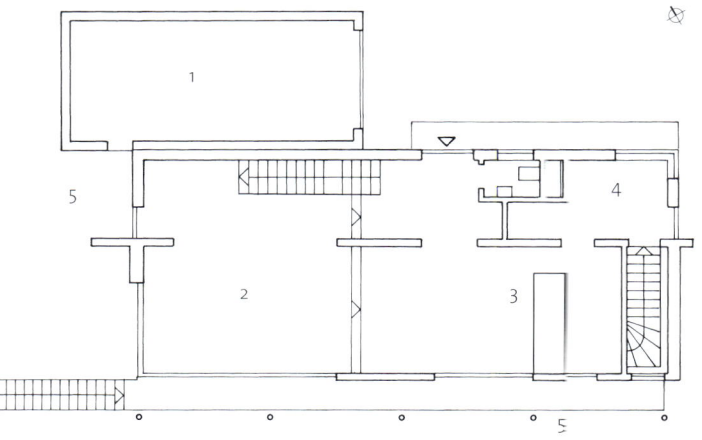

Kleine Fluchten

Architekten:
b&k+, Köln
Brandlhuber &
Kniess + Anne-
Julchen Bernhardt,
Björn Martenson
Tragwerksplanung:
Jürgen Bernhardt,
Köln
Fertigstellung:
2000
Konstruktion:
Mischbauweise
aus Mauerwerk
und Beton
Mehrkosten:
nicht zu quantifi-
zieren
Grundstücksfläche:
270,6 Quadratmeter
Atelierfläche:
80 Quadratmeter
Wohnfläche mit Innen-
höfen und Dachterrasse:
260 Quadratmeter
Standort:
Geisselstraße 55
Köln-Ehrenfeld
Nordrhein-Westfalen

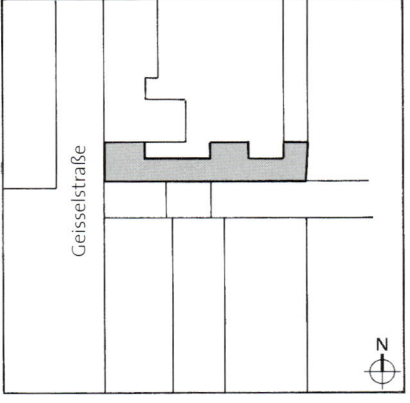

Geisselstraße

N

Lageplan
M 1:1250

Neben den gekachelten
und verputzten Nachbar-
häusern fällt die trans-
luzente Straßenfront auf.
Hinter der Lichtwand liegen
Arbeitsräume.

Veränderte Lebensformen erfordern anders-
artige Häuser zum Wohnen und Arbeiten. Die
Bauherren dieser modernen »Villa«, eine Familie mit zwei Erwachsenen und vier Kindern,
wünschten sich flexible Räume aus preiswerten Materialien, in denen Arbeits- und Freizeit
ebenso wie Innen und Außen, Garten und
Wohnraum ineinander übergehen – realisiert
mit dem Anspruch der Nachhaltigkeit.

Das Grundstück liegt in einer innerstädtisch
heterogenen, dichten Blockbebauung und ist
mit 6,6 Metern extrem schmal und mit 41 Metern extrem lang. In den Hinterhöfen der Nachbarn bietet sich das Bild einer bunten Mischung
aus Schuppen neben Kirschbäumen, Kinder-

gärten neben Autohändlern und asphaltierten Flächen neben Rasen – Wildwuchs scheinbar ohne Regeln. Ganz im Gegensatz dazu mussten bei dem Wohnhaus genaue baurechtliche und nachbarliche Vorgaben berücksichtigt werden. Die Architekten hielten sich wörtlich daran und haben es verstanden, aus der resultierenden E-Form im Grundriss durch Verschieben und Versetzen der drei Ebenen in der Höhe, durch unerwartete Öffnungen und Oberlichter ein spannungsvolles Raumerlebnis zu schaffen. Die langgestreckte, in drei Bereiche geteilte Villa eignet sich nicht nur das gesamte Grundstück, sondern auch den dazugehörigen Luftraum an.

Durch die Auflagen im Bebauungsplan ergaben sich unterschiedliche Freiräume, zimmergroße Höfe ebenso wie Dachflächen, die als »Gärten« verstanden werden und je nach Bedarf als Frühstücksplatz, Erdbeerbeet, Spielplatz, Sonnenterrasse oder Garage genutzt werden können. Die Freiflächen beziehen sich nicht nur aufeinander, Innen- und Außenräume gehen auch ineinander über, erlauben unerwartete Blickbeziehungen und bilden somit ein in sich geschlossenes System, ein introvertiertes Ganzes.

Inmitten einer bunt gemischten Hinterhoflandschaft setzt sich das »Vorderhaus« der langgestreckten Villa eingeschossig bis zum Hinterhaus an der Grundstücksgrenze fort und schöpft damit alle Möglichkeiten des Bebauungsplans aus.

Die Länge des Grundstücks wurde in drei Bereiche aufgeteilt. Ein dreigeschossiges »Vorderhaus« schließt die Lücke in der Straßenflucht und gleicht sich in der Höhe den Nachbarn an. Seine Front ist mit Polykarbonatstegplatten verkleidet. Als Schallschutz wurde zusätzlich noch eine Glasscheibe eingestellt. Dieser Bauteil besteht wie auch die anderen aus einer Betonkonstruktion, nur die Wände zu den Nachbarn sind gemauert. Momentan ist hinter der glatten »Lichtwand« an der Straße der Atelierbereich mit Labor und Büro untergebracht, außerdem befinden sich hier im Vorderhaus auch die privaten Räume der Eltern. Dann schließt ein länglicher, stockwerkshoher Zwischenbau an, in dem auch der Haupteingang liegt. Das andere Ende der Parzelle schließlich begrenzt das zweigeschossige Hinterhaus mit einer fensterlosen Wand zum Nachbargarten. Im Moment wohnen dort die Kinder. Später, wenn sie einmal ausgezogen sind, lassen sich die beiden Häuser auch als separate Einheiten nutzen.

Im einstöckigen Zwischenbau trifft sich die ganze Familie zum Kochen und Essen. Der Hauseingang ist Teil der Glaswand rechts.

Blick vom Vorderhaus über die Dachterrasse. In der Rasenfläche ist das Oberlicht für die Küche zu sehen.

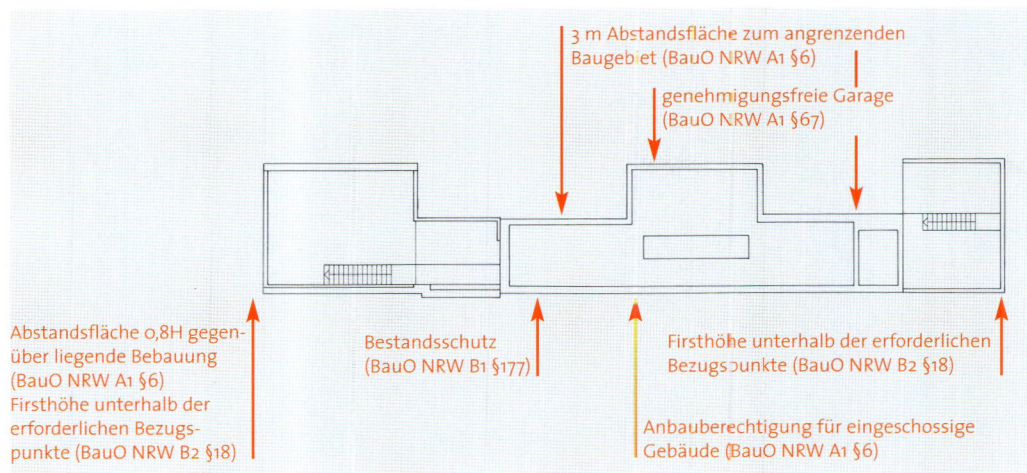

3 m Abstandsfläche zum angrenzenden Baugebiet (BauO NRW A1 §6)

genehmigungsfreie Garage (BauO NRW A1 §67)

Die Abmessungen des Gebäudes ergeben sich aus den Bauvorschriften.

Abstandsfläche 0,8H gegenüber liegende Bebauung (BauO NRW A1 §6)
Firsthöhe unterhalb der erforderlichen Bezugspunkte (BauO NRW B2 §18)

Bestandsschutz (BauO NRW B1 §177)

Firsthöhe unterhalb der erforderlichen Bezugspunkte (BauO NRW B2 §18)

Anbauberechtigung für eingeschossige Gebäude (BauO NRW A1 §6)

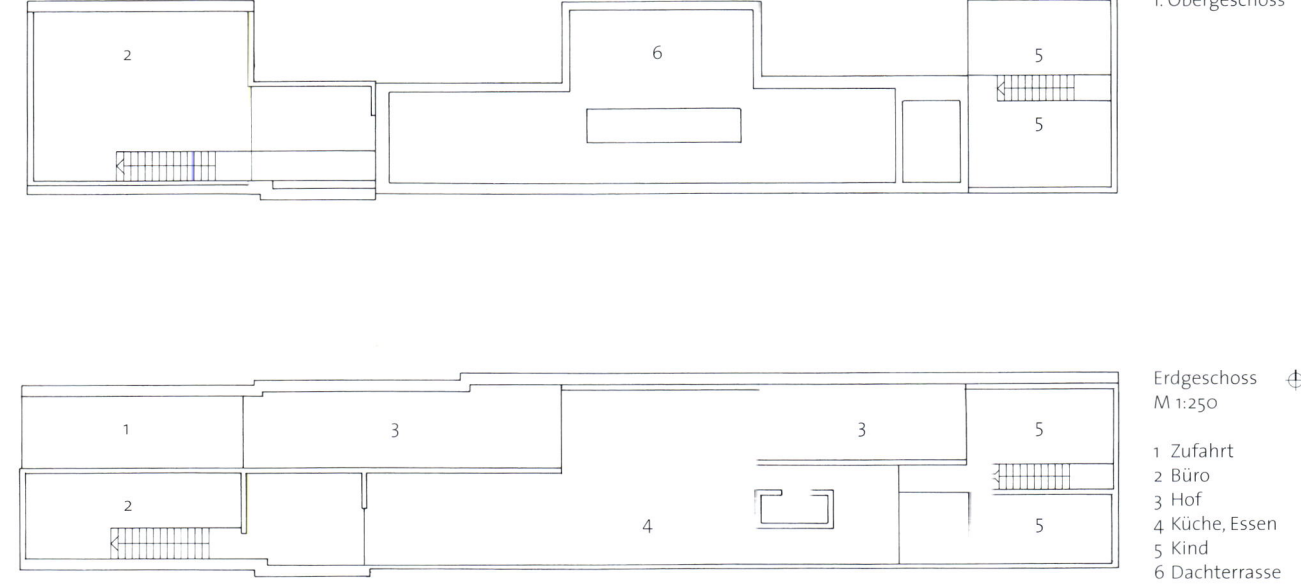

1. Obergeschoss

Erdgeschoss
M 1:250

1 Zufahrt
2 Büro
3 Hof
4 Küche, Essen
5 Kind
6 Dachterrasse

Unter alten Bäumen

Architekten:
Penkhues
Architekten, Kassel
Prof. Berthold
H. Penkhues
Mitarbeiter:
Peter Becker,
Siegfried Wendker
Tragwerksplanung:
EHS, Kassel-Lohfelden,
Andreas Geselle
Fertigstellung:
2001
Konstruktion:
Stahlbetondecken
und hoch wärme-
gedämmte Wände
aus Porotonziegeln
(Niedrigenergie-
standard)
Mehrkosten Gründung:
25.000 Euro
Grundstücksfläche:
933 Quadratmeter
Nutzfläche:
200 Quadratmeter
Standort:
Sandbuschweg
Kassel, Hessen

Lageplan M 1:1250

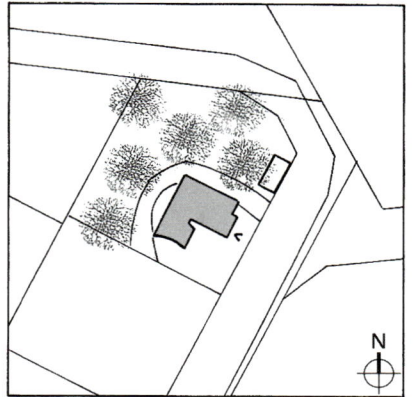

Wer möchte nicht auf einem Grundstück mit altem Baumbestand wohnen? Erst bei der Planung eines neuen Hauses wird man jedoch feststellen, wie viel Rücksichtnahme vonnöten ist – wie in diesem Fall: Fast drei Viertel des ein paar Meter über Straßenniveau ansteigenden Geländes nehmen große Bäume ein – die alten Eichen, Buchen, Fichten und Zypressen sollten um jeden Preis erhalten werden. Zudem führt eine steile Böschung bogenförmig hinunter in das südliche Eck, wo nur ein kleines Baufeld übrig blieb – die Architektur musste sich im Platz beschränken und anpassen. Das Grundstück galt lange als unbebaubar, da sich hier nicht wie in der Nachbarschaft einfach eine herrschaftliche Villa in die Mitte setzen ließ.

Zum Bauantrag gehörte die Aufnahme des Geländes durch einen Vermessungsingenieur, der Lage, Art und Umfang der Bäume kartierte. Nach einer Faustregel darf im Durchmesser der Kronen nicht gebaut werden, damit das Wurzelwerk nicht beschädigt wird. Vor allem an der Böschungskante hatte das Treiben der Wurzeln zusammen mit Wind und Wetter starke Erosion verursacht, und gerade dieser Bereich wurde nach den Auflagen des Gartenamts als sensible Zone eingestuft. Die Böschung wurde also belassen wie sie war, und der Entwurf des Architekten sah in der Südecke auf waagerechter Fläche ein kompaktes Haus vor,

Das Haus liegt nahe dem Bergpark Wilhelmshöhe in einer schönen Wohngegend mit vorwiegend villenartigen Einfamilienhäusern. Im mittleren weiß verputzten Bauteil liegen die beiden Kinderzimmer übereinander zur wenig befahrenen Straße. Er kragt leicht aus und bildet somit zugleich das Vordach für den Eingang.

Das parkähnliche Eckgrundstück mit altem Baumbestand zwang zu einem kompakten Gebäudekonzept, bei dem sich die Architektur unterordnet. Rechts die Rückseite des Hauses

Besonders bei Platzmangel muss der Grundriss konsequent gegliedert werden. Hier sind Flur und einläufige Treppen im eigenen nordöstlichen Gebäudeteil untergebracht.

das sich auf drei Geschosshöhen staffelt. Da der Hang unberührt bleiben sollte, wurde das Erdgeschoss an der Nordostseite schräg abgeschnitten. Nur eine Terrasse schiebt sich als intimer Freisitz auf der Nordseite des Hauses unter die Baumkronen. Die leichte Holzkonstruktion benötigte kein festes Fundament und wurde somit genehmigt.

Die Freiflächen um das Haus variieren von einem streng geometrisch angelegten Vorhof an der Straßenseite, einer Dachterrasse im zweiten Stock bis zur hölzernen Plattform auf der Rückseite und dem »Waldstück«, das naturbelassen wirkt. Im Inneren entstanden trotz relativ kleiner Fläche auf den oberen zwei Etagen großzügige Wohnbereiche; die Kompaktheit erforderte eine klare Gliederung, und so teilt sich das Haus in einen zweigeschossigen Bauteil im Westen mit Büro und Wohnraum, den zentralen dreigeschossigen Mittelbau und einen schmalen Riegel an der Ostseite, der die einläufige Treppe aufnimmt. Diese drei Zonen sind auch durch unterschiedliche Fassadenanstriche betont. Von den Kompromissen, die aus Platzgründen eingegangen werden mussten, spürt der Passant heute nichts mehr – das Gebäude steht seinen vornehmen Nachbarn an Stattlichkeit in nichts nach, obwohl es dank einer exakten, detaillierten Planung vergleichsweise kostengünstig erbaut werden konnte.

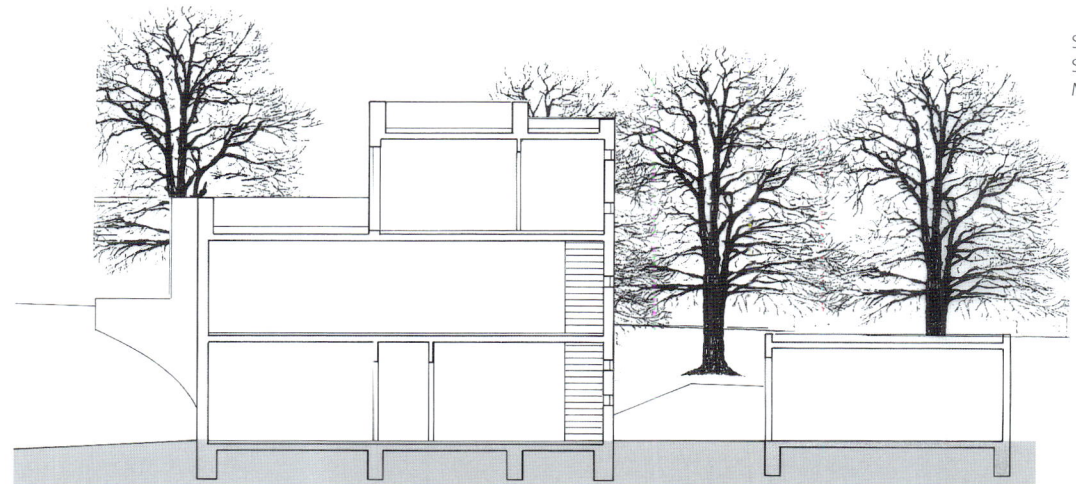

Schnitt
Südwest-Nordost
M 1:200

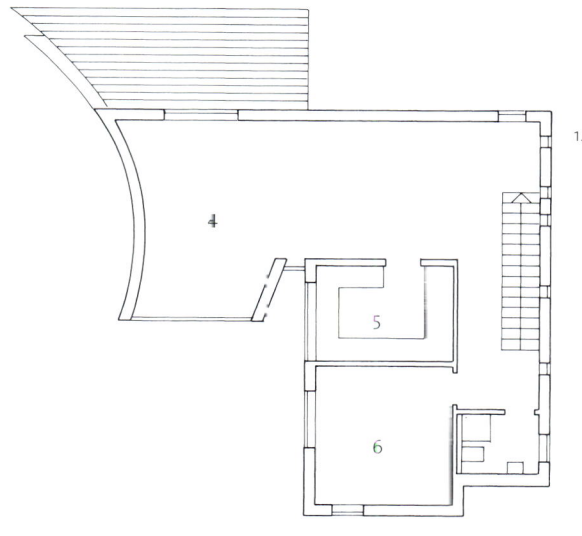

1. Obergeschoss

4

5

6

Erdgeschoss
M 1:200

1 Büro
2 Heizung
3 Foyer
4 Wohnen, Essen
5 Küche
6 Kind
7 Eltern

7

1

2

3

Der großzügige Eingangs-
bereich besteht aus gläser-
nem Windfang und Foyer
mit einer einladenden vor-
gezogenen Antrittsstufe
der einläufigen Treppe.

Am Kirchhof

Architekten:
    Delugan_Meissl,
    Wien
Mitarbeiter:
    Gottfried Seelos
Tragwerksplanung:
    Werkraum Wien
Fertigstellung:
    2000
Konstruktion:
    Stahlbetonbau mit
    raumhoher Vergla-
    sung in Aluminium-
    rahmen
Mehrkosten:
    Die Erhaltung des
    Altbaubestands
    (20 Prozent) hat
    20–30 Prozent
    höhere Baukosten
    verursacht
Grundstücksfläche:
    409 Quadratmeter
Nutzfläche:
    281 Quadratmeter
Standort:
    W.-Schindl-Straße 24
    Absam, Österreich

Die neue, horizontal ge-
gliederte Fassade grenzt
an den Sportplatz. Als In-
spiration dienten Trocken-
gestelle für Mais an den
alten Häusern in der
Umgebung.

Die Not des unübersehbaren Platzmangels
auf dem Grundstück mitten in einem Tiroler
Wallfahrtsort wurde hier in eine Tugend verwandelt und ließ ein kleines Raumwunder entstehen. Mit bemerkenswerter Effizienz nutz-
ten die Architekten jeden Zentimeter des ver-
fügbaren Raums und schufen in dieser für das
Ortsbild sensiblen Lage eine komplexe Raumfolge auf mehreren Ebenen. Die Schwierigkeiten rührten vor allem daher, dass der »Drei-
Viertel-Neubau« an ein bestehendes Sattel-
dachhaus mit unregelmäßig vor- und zurück-
springender Außenwand angebaut werden
musste. Teile eines Altbaus auf der Parzelle,
etwa 20 Prozent, blieben als Sockelzone bestehen, um den Förderungsbestimmungen
für den »Umbau« gerecht zu werden. Als Re-
aktion auf all die Einschränkungen sind Alt
und Neu eng miteinander verzahnt und nicht
mehr zu unterscheiden; die Räume mit verschiedenen Höhen verschachteln sich so weit
ineinander, dass man sich unweigerlich an
eine Loossche Raumkonzeption erinnert fühlt.

Eine weitere Schwierigkeit bestand in der
Genehmigung des Flachdachs, das die Architekten schließlich mit viel Überzeugungskraft
im Gemeinderat durchsetzen konnten. Aber
nicht nur deshalb hat sich das Projekt lange
hingezogen – ursprünglich wollte die Familie
nur ihre Wohnsituation mit einem Umbau des
alten Hauses verbessern. Die Ansprüche stie-

gen jedoch stetig, die Wunschliste wurde immer länger, so ist fast ein Neubau daraus geworden. Dem Ergebnis sind die vielen Kompromisse heute nicht mehr anzusehen, es fügt sich wie ein Puzzlestein ein – wenn auch nicht gerade unauffällig. Im Bereich der San erung, dem nur 2,10 Meter niedrigen Sockelgeschoss, sind Eingangsbereich, das Atelier und die Einliegerwohnung untergebracht, während die 2,40 Meter hohe Wohnebene mit einem 3 Meter hohen Essbereich und Elternschlafzimmer im ersten Geschoss liegt; ganz oben befinden sich Kinderzimmer und weitere Nebenräume.

Augenfälligstes Merkmal des Gebäudes ist die Glasfassade der 1, 80 Meter tiefen Loggia an der Süd- und Ostseite des Wohngeschosses. Die Architekten haben sich von den horizontalen Holzstellagen im Dorf inspirieren lassen, an denen der Mais getrocknet wird. Dieser Bezug zum Ort hat letztendlich auch den Gemeinderat dazu bewogen, die »Hightech«-Fassade zu genehmigen. Sie besteht aus eigens für das Haus entwickelten Lamellen mit einer eingeschlossenen Flüssigkristallschicht. Diese LCD-Lamellen werden auf Knopfdruck undurchsichtig zum Sichtschutz, sie lassen sich auch wie Jalousien noch oben ziehen. Es handelt sich hierbei übrigens um einen Prototyp, der ohne die Unterstützung der Herstellerfirma nicht zu finanzieren gewesen wäre.

Lageplan M 1:1250

Der Eingangsbereich liegt unter der auskragenden, mit Glaslamellen geschützten Loggia. Von der Wallfahrtskirche aus sieht man nur eine verputzte Hausecke mit Fensterbändern.

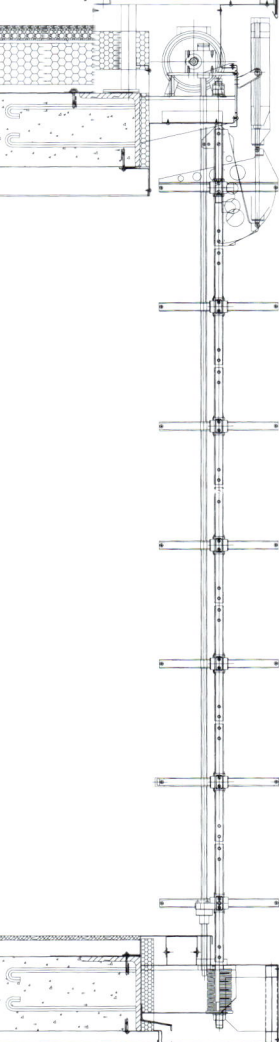

Hightech im Einfamilienhaus. Die Glaslamellen lassen sich auch nach oben ziehen. Eines der Schwerter wiegt 100 Kilogramm. Allein wegen ihres tonnenschweren Gewichts erfordern sie ein extrem sorgfältig ausbalanciertes Gebäudetragwerk
Rechts: Loggiaverglasung Vertikalschnitt M 1:25

Zwischen Intimität und Transparenz: Die Bewohner können in der dicht bebauten Umgebung den Grad der Offenheit ihrer Wohnräume frei wählen.

Die Glasfassade der Loggia im Wohngeschoss umschließt das Haus an drei Seiten. Auf Knopfdruck werden die LCD-Lamellen undurchsichtig.

Die Treppe schraubt sich wie eine Spirale vom niedrigen, relativ dunklen Eingangsbereich bis unter das Dach. Die Kombination aus dunklem Holz und weißen Putzflächen wirkt ländlich, aber nicht rustikal.

Im Bad dominieren die Materialien Sichtbeton, Glasmosaik und Nirosta. Die Wanne ist in den Boden eingelassen.

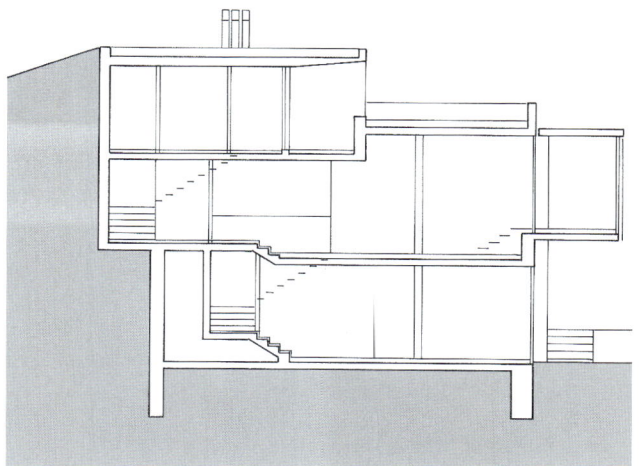

1. Obergeschoss

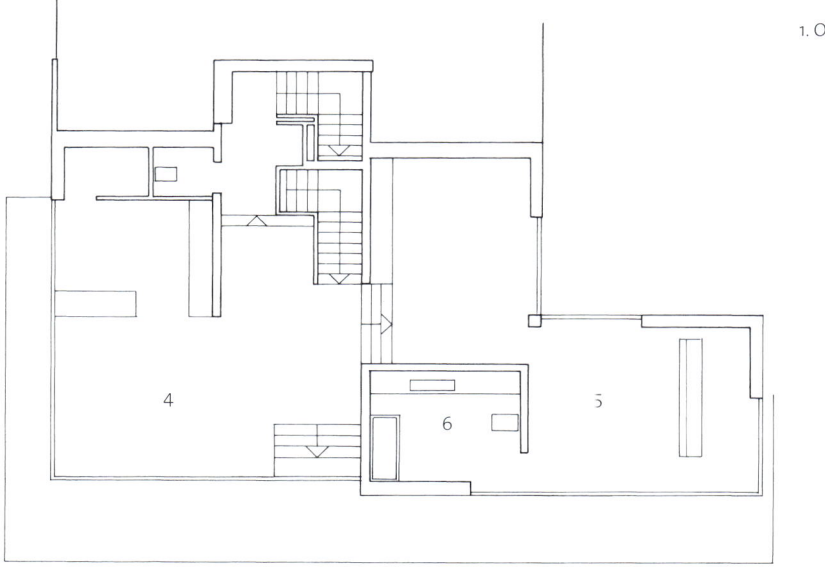

Das Zimmer der Eltern im ersten Obergeschoss. Als Gegensatz zum drei Meter hohen Essbereich führen ein paar Stufen hinauf in diese nur 2,40 Meter hohen, wesentlich intimeren Räume.

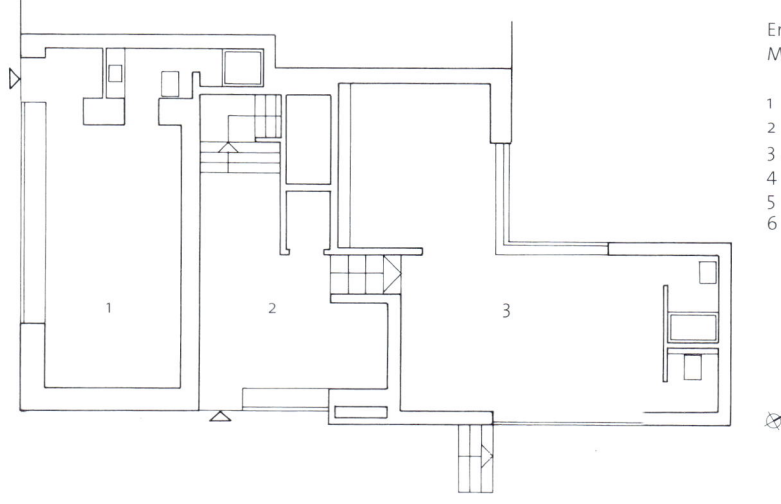

Erdgeschoss
M 1:200

1 Einliegerwohnung
2 Eingangsbereich
3 Atelier
4 Küche, Essen
5 Eltern
6 Bad

Dreieck an der Talaue

Architekten:
    Schönberger
    + Schönberger,
    Oberviechtach
Tragwerksplanung:
    Wellnhofer + Partner,
    Schwandorf
Fertigstellung:
    Januar 2001
Konstruktion:
    Mischbauweise aus
    Ziegel und Beton
Mehrkosten:
    keine, außer dem
    Wiedereinsäen der
    benachbarten Wiese,
    über die ein Teil des
    Baustellenverkehrs
    lief
Grundstücksfläche:
    875 Quadratmeter
Nutzfläche:
    293 Quadratmeter
Standort:
    Nähe Kapellenberg
    Oberviechtach
    Bayern

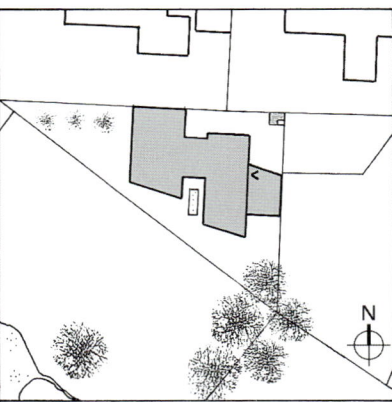

Lageplan
M 1:1250

Auch in diesem Fall bewog die besonders idyllische Lage den Bauherrn, es mit einem ungünstig geschnittenen Restgrundstück aufzunehmen. Wegen vermeintlicher Unbebaubarkeit hatte es zwanzig Jahre lang brach gelegen. Das spitzwinklige Dreieck liegt am nach Westen abschüssigen Rand eines Wohngebiets mit unverbaubarem Blick auf eine sanfte Talaue und einen Weiher, ein Biotop umgeben von alten Erlen und Weiden. Durch diese Aussicht erübrigte sich der Wunsch nach einem eigenen größeren Garten, deshalb konnte sich das Wohnhaus innerhalb der ohnehin nicht üppigen dreieckigen Fläche ausdehnen.

Die Architekten entwarfen zwei separate, in Nordsüdrichtung orientierte Häuser mit gegengleich geneigten Pultdächern, die auf Erdgeschossebene durch einen gläsernen Zwischenbau verbunden sind. Mit je einer Garage schließt die Raumfolge direkt an die nördliche und östliche Grundstücksgrenze an. Dies war zulässig, da laut Bebauungsplan entweder die Abstandsflächen eingehalten werden müssen, was zu viele Restflächen ergeben hätte, oder aber mit Nebengebäuden bebaut werden – nach der Bayerischen Bauordnung mit einer Brandwand zum Nachbargrundstück. Die Architekten legten besonderen Wert darauf, dass die nördliche und östliche »Garagenansicht« einen angenehmen Anblick für die Nachbarn bietet.

Blick von Südwesten, vom Biotop aus. Die ungünstige dreieckige Grundstücksform fällt niemandem auf, da sie ohne Gartenzaun oder sonstige Abgrenzung unmerklich in die Talaue übergeht.

Die Ostseite mit Hausein-
gang und einer der Gara-
gen: Von der Straße aus
gesehen gibt sich das Haus
mit seiner weiß verputzten
Lochfassade »städtisch«
und relativ geschlossen.

Ein paar Stufen führen hinunter in den Wohnraum
mit offenem Kamin. Dieser
Raum orientiert sich mit
seinen Glasflächen sowohl
nach Süden als auch Wes-
ten.

Treppenaufgang im zwei-
geschossigen östlichen
Gebäudeflügel. Die
Bauherren sparten die
Unterkellerung des
Hauses, dennoch fand
unter der Treppe ein klei-
nes Weinlager Platz.

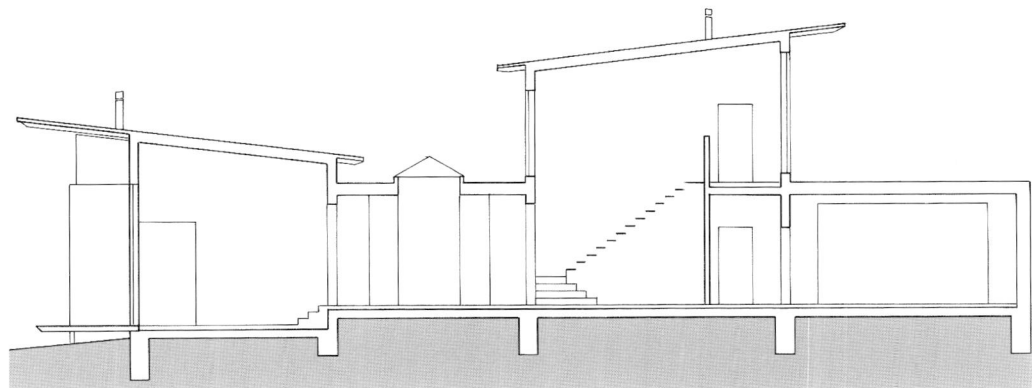

Ostwestschnitt
M 1:200

Die Familie hatte anspruchsvolle Vorstellungen zum Raumprogramm, sodass 18 Monate Planungszeit verstrichen, bis mit dem Bau begonnen werden konnte. Der Vierpersonenhaushalt teilt sich nun in drei einzelne Apartments für Eltern, Sohn und Tochter, wobei das zentrale, symmetrisch angelegte Esszimmer im gläsernen Zwischenbau die Mitte des Hauses bildet. In der Nordsüdachse setzt sich die symmetrische Anordnung draußen als Terrasse mit einem länglichen Wasserbecken fort. Der Wunsch nach Großzügigkeit, Transparenz und viel Licht bestimmte den Entwurf, der Blick in die Talaue ist im ganzen Haus präsent.

Die Fahrzeuge spielten ebenfalls eine wichtige Rolle, vor allem ein Oldtimer, der nun in einer Art »Wohngarage« steht, die mit ihren zwei Geschossen neben dem Auto viel Platz zum Feiern, Musikmachen und für andere Hobbys bietet. Bis auf einen kleinen Weinkeller unter der Treppe wurde auf eine Unterkellerung verzichtet. Der Grundwasserspiegel liegt mit 1,20 bis 1,60 Metern relativ hoch, sodass nur eine aufwändige Kellergründung mit »weißer Wanne« in Frage gekommen wäre. Der Brennwertkessel fand im Haustechnikraum zu ebener Erde neben der Küche Platz.

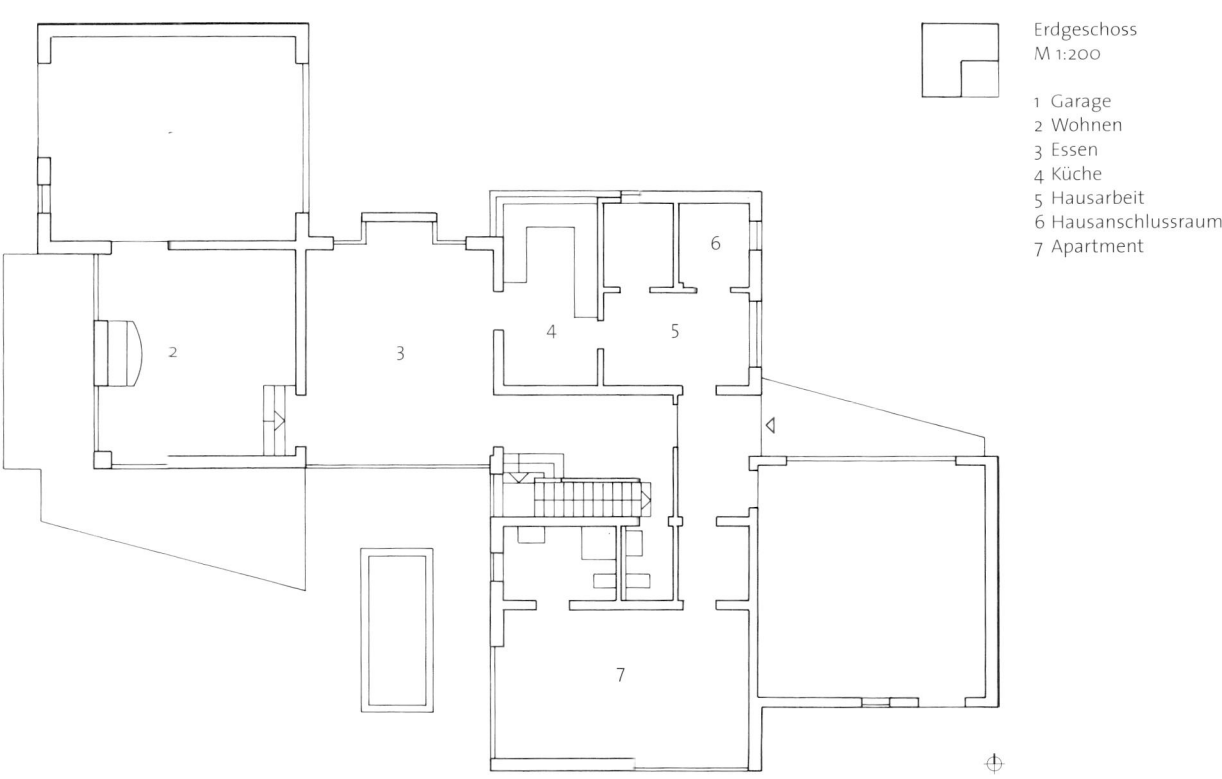

Erdgeschoss
M 1:200

1 Garage
2 Wohnen
3 Essen
4 Küche
5 Hausarbeit
6 Hausanschlussraum
7 Apartment

In der Altstadt

Architekten:
    Diezinger & Kramer,
    Eichstätt
Projektarchitekt:
    Markus Knaller
Tragwerksplanung:
    Grad Ingenieur-
    planungen, Ingolstadt
Fertigstellung:
    November 2000
Konstruktion:
    Mauerwerksbau,
    verputzt,
    Holzdachstuhl
Mehrkosten:
    besondere Dachrand-
    ausbildung ohne
    Überstände
    etwa 10.000 Euro
Grundstücksfläche:
    73 Quadratmeter
Nutzfläche:
    105 Quadratmeter
Standort:
    Am Salzstadel
    Eichstätt, Bayern

Bis auf wenige Zentimeter rücken die Anbauten der Nachbarn an die ohnehin extrem kleine Parzelle heran. Die scheinbar willkürlich gesetzten Fensteröffnungen richten sich nur nach den Ausblicken in den Räumen.

Kleiner könnte das Grundstück kaum sein – es handelt sich um 73 Quadratmeter Fläche im Stadtquartier am Salzstadel, nicht gerade ein Vorzeigeviertel der Altstadt von Eichstätt. Mehrere Jahre hatte man vergeblich versucht, dort die Wohnqualität zu heben. Ausgerechnet dieser kleine rigorose Neubau, den sich der Bildhauer Günter Lang mitten in dem streng gehüteten historischen Umfeld in einer klaren zeitgenössischen Architektursprache bauen ließ, wertet nun das ganze Karree auf und trägt so zu seiner Belebung bei.

Es geht eng zu. Die drei Nachbarn rücken teilweise bis auf wenige Zentimeter mit Anbauten ganz nah an das Atelierhaus heran. Seine Kubatur richtet sich nach den Konturen des Vorgängerbaus, eines baufälligen »Jurahauses«, das Lang in diesem Zustand nicht übernehmen wollte. Erst nach Verhandlungen mit der Denkmalpflegebehörde, die dem Abriss schließlich zustimmte, entschloss er sich zum Kauf. Traufe, First und Dachneigung des Neubaus lehnen sich an den Altmühltaler Gebäudetypus an – damit enden aber die Gemeinsamkeiten. Durch die Nähe zu den Nachbarn war es schwierig, die Fenster so zu platzieren, dass niemand hineinsehen konnte, aber dennoch genügend Licht hereinkam. Ein großes Dachfenster spielt deshalb die Hauptrolle, während die Fassaden außer an der Straßenseite geschlossen wirken. Da das Baufeld bis auf den letzten Zentimeter ausgefüllt wurde, bedeutete dies, dass ein Dachüberstand mit Regenrinne schon in das Nachbargrundstück hinübergeragt hätte. Aus diesem Grund wurde die Rinne nach innen, hinter die tragende Außenwand gelegt – eine teure Lösung, da sie dort wegen Frostgefahr elektrisch beheizt werden muss.

Im Inneren entstanden statt enger Kammern auf drei Geschossen je ein großzügiger Raum auf zwei Ebenen. Im Erdgeschoss stößt man gleich neben der Haustür auf einen kleinen zweigeschossigen Ausstellungsraum mit einem großen Schaufenster über Eck. Der »blickführende Erker« gehört auch zu den ortstypischen Elementen in Eichstätt, hier liegt er allerdings bündig in der Fassade und soll die Passanten neugierig auf die Kunst im Inneren machen. Über drei Stufen gelangt man im Anschluss an den Ausstellungsraum in das Apartment. Eine Küchenzeile und ein Badezimmer verbergen sich hier vor, beziehungsweise unter der Treppe hinter Schiebetüren. Gitterroststufen führen dann hinauf in das Atelier des Künstlers mit dem großen Dachfenster für das Nordlicht. Blickfang in diesem Raum ist ein rot lasierter Holzcontainer aus Dreischichtplatten für WC und Waschbecken, der bereits unten an der Haustür als dekorative rote Decke aufgefallen ist.

Lageplan M 1:1250

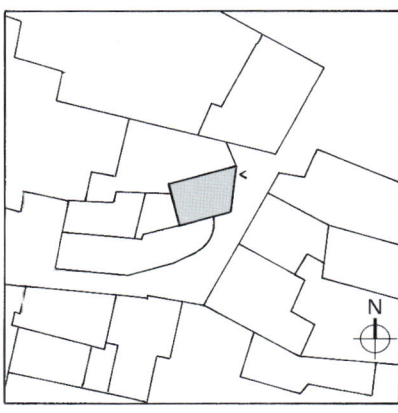

Den Eichstätter Architekten gelang in ihrer Heimatstadt ein kleines Meisterwerk in reduzierter Formensprache, das das alte Viertel aufwertet.

Im Inneren bleibt die Kubatur des Hauses erlebbar, Außenwände und Dachflächen bilden eine homogene Hülle. Links das Atelier mit Oberlicht

Die Fenster sind so platziert, dass sie gezielte Ausblicke rahmen. Nachts wirken sie wie Bilder im vornehmen dunklen Grau der Putzfassaden.

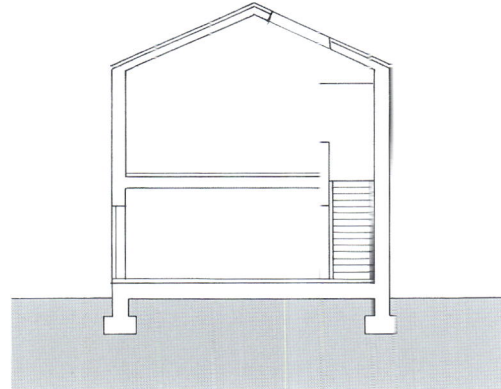

Obergeschoss

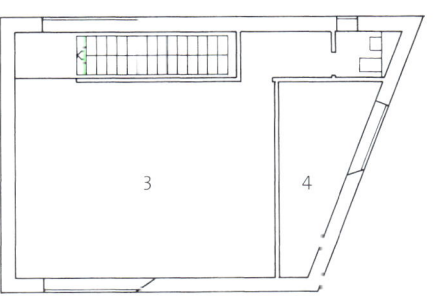

Erdgeschoss
M 1:200

1 Wohnen
2 Ausstellung
3 Atelier
4 Luftraum

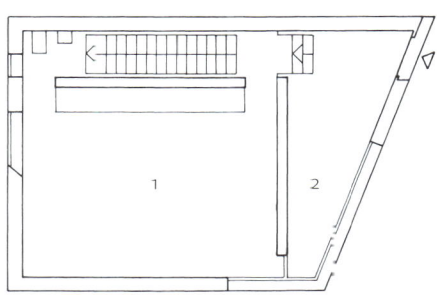

Das transparente, stählerne Treppengerüst beginnt mit drei Stufen aus gesägtem Wachenzeller Dolomit.

Streng nach Vorschrift

Architekten:
  Bayer Uhrig,
  Kaiserslautern
  Dirk Bayer,
  Andrea Uhrig
Tragwerksplanung:
  Wolfgang Berndt,
  Kusel
Fertigstellung:
  August 2000
Gesamtbaukosten
nach DIN 276:
  128.000 Euro
Grundstücksfläche:
  563 Quadratmeter
Wohnfläche:
  126 Quadratmeter
Standort:
  Rodenbach
  Kaiserslautern
  Rheinland-Pfalz

Normen sollen Normalität erzeugen. Die Architekten nahmen die Vorgaben des Bebauungsplans ganz wörtlich, erreichten dennoch diese eigensinnige Kubatur.

Die beiden Absolventen der Universität Kaiserslautern standen vor ihrer ersten Bauaufgabe als freie Architekten wie vor einem unüberwindlichen Berg. Die Bedingungen, unter denen dieses Wohnhaus entstehen sollte, schienen erdrückend – Architektur konnte bei so vielen Einschränkungen wohl nicht herauskommen. Die Parzelle im Neubaugebiet in Rodenbach, mitten im Pfälzer Wald, war nicht nur klein, im Bebauungsplan waren auch noch eine Erschließung von Südosten und ein traufständiges Satteldach mit roter Ziegeldachdeckung und einer Neigung von 25 bis 45° vorgesehen; außerdem legte er die Firsthöhe und die Abstandsflächen fest. Zudem brachte der Bauherr eine genaue Vorstellung von einem »amerikanischen Holzhaus« mit – als Fertighaus zum Fixpreis. Es sollte schnell gehen und billig sein.

Die unförmigen Häuser in der Nachbarschaft zeigen die gängige Auslegung der Vorgaben: Sie haben alle gewaltige Dachstühle mit großen, teuren Gauben, da nur eineinhalb Geschosse zugelassen sind, und ein breites, unökonomisches Erdgeschoss, das nicht mehr viel Platz für einen Garten lässt. Es muss auch anders gehen. Deshalb begannen die Architekten, die Auflagen genau zu studieren und entwickelten daraus als Entwurfstaktik ein Planspiel. Das Ergebnis hält sich zwar streng an den Bebauungsplan, nur sieht es ganz anders aus als die Nachbarhäuser. Um beide

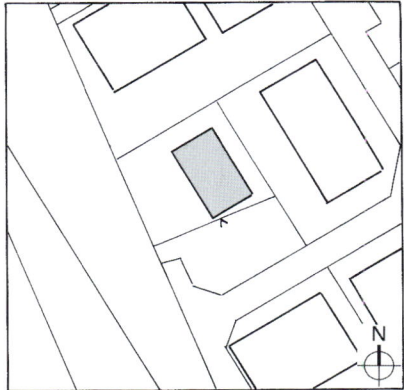

Lageplan
M 1:1250

Das Holzhaus von allen Seiten betrachtet: Links oben die Eingangsseite im Südosten, rechts daneben die Südwestseite, links unten die ganz geschlossene Nordwestansicht und daneben die den Nachbarn zugewandte Nordostseite.

Da das Dachgeschoss nach Bebauungsplan nicht zum Vollgeschoss ausgebaut werden durfte, wandten die Architekten einen Trick an: Sie kappten den Grundriss einfach durch eine Querwand und erweiterten das darunterliegende Volumen des Wohnraums nach oben.

Geschosse mit Fenstern und ohne Dachgauben gut belichten zu können und um im Südwesten des Grundstücks möglichst viel Platz und Sonne zu erhalten, drehten die Architekten den Firstverlauf parallel zur schmalen Seite der Parzelle. Die Giebelfront verlagerte sich damit an die Längsseite. Den Baukörper rückten sie mit der vorgegebenen Abstandsfläche von drei Metern an die östliche Grenze. Daraus ergab sich eine vernünftige, kompakte Grundfläche von 7,50 x 13,75 Metern. Auch die Angaben zur Dachneigung nahmen sie wörtlich: eine 45°-Dachfläche weist zur Straße, eine 25°-Dachfläche zur Rückseite.

Aus der Grundfläche ergab sich ein Planungsraster von 62,5 Zentimetern für das Holzhaus. Nur maximal 75 Prozent der Fassade durften in Holz ausgeführt werden. Die Architekten legten dies so aus, dass die restlichen 25 Prozent Fenster und Sockelflächen sein könnten, somit war der Fensteranteil festgelegt. Es entstand ein Haus mit soliden Details, ordentlichen Fenstern, Dachrinne und roten Betonziegeln, handwerklich sauber gebaut, mit 126 Quadratmetern Wohnfläche für 128.000 Euro: nicht nur eine ökonomische, sondern auch architektonisch herausragende Lösung.

Die Fassadenschalung aus vier unterschiedlich breiten Lärchenholzbrettern lief über die Fensteröffnung hinweg, dann wurde die Klappladenform herausgeschnitten und mit umlaufenden Rahmenbrettern wieder eingesetzt.

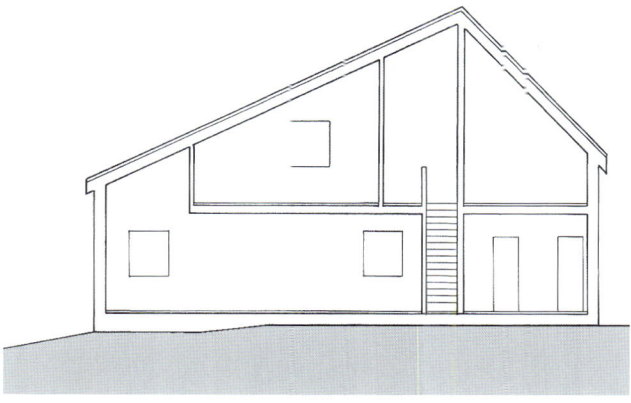

Schnitt

Von der Holzkonstruktion sieht man im Innern nur die Balkendecke. Sie verleiht den Räumen Wohnlichkeit.

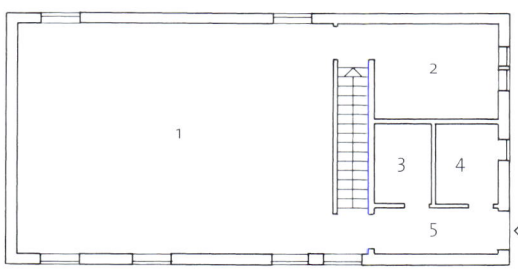

Erdgeschoss
M 1:200

1 Küche, Essen, Wohnen
2 Hauswirtschaftsraum
3 Hausanschlussraum
4 Dusche, WC
5 Windfang

Wohnhaus mit Anschluss

Architekten:
  Haas + Partner,
  Berlin
Tragwerksplanung:
  Massow, Waren/
  Müritz
Fertigstellung:
  2000
Konstruktion:
  Porotonmauerwerk,
  verputzt
Besonderheiten:
  Kelleratrium
  mit 4,5 Meter hoher
  Sichtbetonwand
  als Sichtschutz
  zum Nachbarn
Mehrkosten:
  für Rücksprünge und
  Betonstützwände
  etwa 20.000 Euro
Grundstücksfläche:
  407 Quadratmeter
Wohnfläche:
  200 Quadratmeter
Standort:
  Juttastraße 14a
  Berlin-Zehlendorf

Der breite Erker für die
Küche nutzt die unbebaute
Westseite des Grundstücks.

Fünf Jahre hatte das Architektenpaar nach einem passenden Grundstück für ihr eigenes Wohnhaus gesucht. Nun war es gefunden: Die Lage mitten in der Stadt, nahe der U-Bahn, ist perfekt – der einzige Nachteil: Es geht sehr eng zu. Die Nachbarschaft wird geprägt von denkmalgeschützten Beamtenhäusern aus den zwanziger Jahren mit großen Grundstücken, Zehlendorf hat sich etwa seit 1900 zum beliebtesten Berliner Villenvorort entwickelt. Der Nachbar zur Rechten bewohnt eine Doppelhaushälfte von den Architekten Mebes und Emmerich aus dem Jahr 1920; er hat nun sein 1.500 Quadratmeter großes Grundstück aufgeteilt und eine handtuchschmale Parzelle von 11 Metern Breite und 37 Metern Länge zum Verkauf freigegeben.

Bevor die Architekten jedoch den Kaufvertrag beim Notar unterzeichneten, reichten sie einen Vorentwurf beim Zehlendorfer Bauamt ein. Sie wollten sicher sein, dass sie für den wertvollen Grund auch eine Baugenehmigung erhielten. Ihr Entwurf nutzte alle Möglichkeiten, um viel Wohnfläche zu erhalten: zum Beispiel das »Schmalseitenprivileg«, das besagt, dass in Berlin bis zu 16 Metern in die Tiefe des Grundstücks gebaut werden darf, wenn drei Meter Abstand zum Nachbarn eingehalten werden. Hätten sie diesen Abstand zu beiden Nachbarn links und rechts allerdings berücksichtigt, wäre ihr Haus nur fünf Meter breit

Steile Dachflächen aus
Zinkblech, die Fenster aus
lasiertem Eichenholz und
schneeweiße Putzflächen:
Die Architekten verwen-
deten feine Materialien
in der vornehmen Wohn-
gegend. Trotzdem haben
sie ein kostengünstiges
Haus gebaut.

geworden. Es gelang ihnen aber, ihren Bau-
landverkäufer zu einem eingeschossigen Anbau
zu überreden, der direkt an ihre Grundstücksgrenze heranreichte. Damit konnten auch sie
ihr Haus um drei Meter bis zur Grenze erweitern, während der Altbau einen großzügigen
neuen Eingangsbereich erhielt. Das Bauamt er-
teilte ihnen für diesen Entwurf nur eine münd-
liche Zusage; sie mussten die Parzelle erst kau-
fen, um einen Bauantrag stellen zu können und
eine verbindliche Genehmigung zu erhalten.

Lageplan
M 1:1250

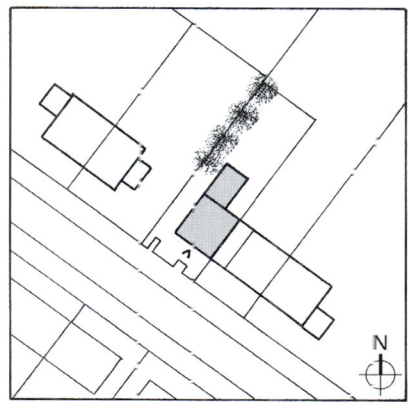

Die Giebelseite nach Westen ist verglast. Wie hier im Elternschlafzimmer wurde fast im ganzen Hauses Eichenholzparkett verlegt.

Die vier Stockwerke des Hauses werden von drei formal sehr unterschiedlichen Treppenläufen erschlossen. Ins Dachgeschoss führt diese leicht wirkende Stahlwangentreppe mit offenen Holztritten.

Der Wohnraum mit vorgelagerter Terrasse schiebt sich eingeschossig in die Tiefe des Grundstücks. Für den ersten Stock entsteht so eine Dachterrasse.

Die Geduld wurde belohnt. Heute wirkt der Neubau neben dem Altbau wie ein schmales Reihenendhaus in logischer Fortsetzung der Straßenbebauung. Er steht leicht erhöht in seinem Vorgarten wie auf einem Sockel, der etwas Distanz zur Straße schafft. Ein Erker ragt wie eine Aussichtskanzel aus dem Erdgeschoss hervor, dort liegt die Küche, die eine besonders tiefe Arbeitsfläche erhielt. Die Straße und die Haustür rechts daneben liegen direkt im Blickfeld. Im Inneren entstand durch die geschickte Raumaufteilung und Belichtung bis ins Untergeschoss eine großzügige Raumfolge auf vier Ebenen.

Der Giebel korrespondiert sowohl in Dachneigung, Trauf- und Firsthöhe mit dem Altbau, somit bildet der Bau in seiner Kubatur, seiner klaren Formensprache und weiß verputzten Fassaden das moderne Gegenstück zum Nachbarn. Er kann außerdem als vorbildliches Beispiel einer gelungenen Nachverdichtung gelten, einer ganz typischen Berliner Bauaufgabe.

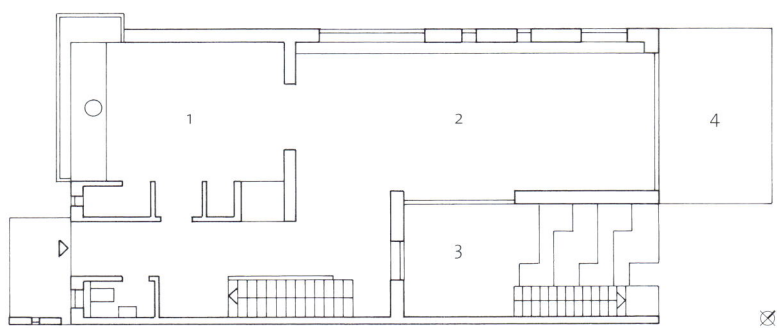

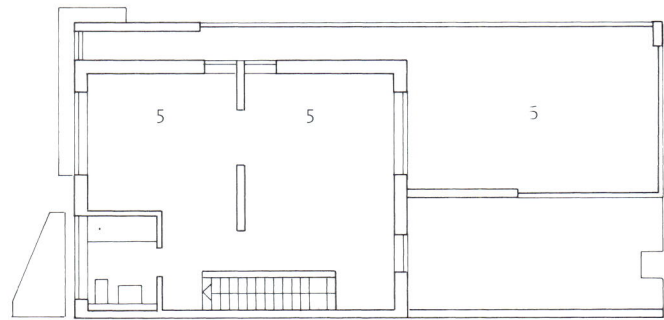

Erdgeschoss
M 1:200

1 Küche
2 Essen, Wohnen
3 Zugang Einlieger-
   wohnung im UG
4 Freisitz
5 Kind
6 Dachterrasse

1. Obergeschoss

Farbe wird ganz sparsam
verwendet. Nur hier in der
Kinderetage sind Türblätter
und Einbauschrank rubin-
rot lackiert.

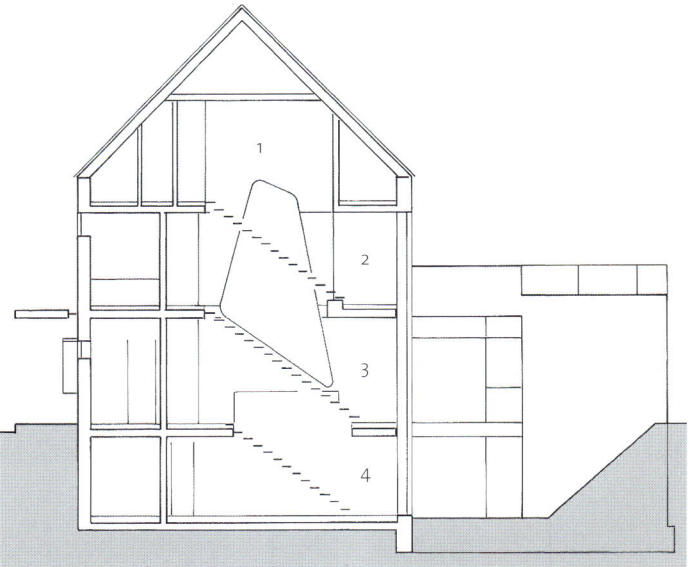

Längsschnitt
M 1:200

1 Eltern
2 Kinder
3 Küche, Essen, Wohnen
4 Arbeiten, Gast

Lang wie ein Schal

Architekten:
SoHo Architektur,
Augsburg
Tragwerksplanung:
Dieter Herz, Weitnau
Energietechnik:
Thomas Knecht,
Wildpoldsried
Fertigstellung:
2002
Mehrkosten:
keine
Grundstücksfläche:
2.438 Quadratmeter
Wohnfläche:
112 Quadratmeter
Standort:
Maffeistraße 7
Memmingen
Bayern

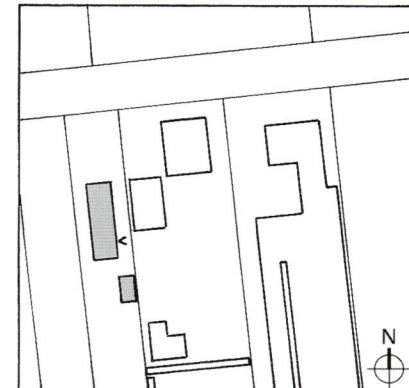

Lageplan
M 1:1250

Wenn es um ungewöhnliche Grundstücks-
formen geht, dann schlägt diese Parzelle am
südlichen Ortsrand von Memmingen sicherlich alle anderen, die in diesem Buch vorgestellt
werden: 2.438 Quadratmeter Fläche klingt beeindruckend, doch sie ist nur 10,6 Meter breit,
dafür aber 230 Meter lang. Vermutlich entstand diese Form durch das regionale Erbrecht,
bei dem die Flächen unter den Nachkommen
immer weiter zerteilt wurden.

Das Grundstück liegt im so genannten
Außenbereich des Orts, das heißt, es gibt
keinen Bebauungsplan, sondern es gelten
die Regelungen des Artikels 34 des Baugesetz-
buchs. Eigentlich darf in diesem Bereich nicht
gebaut werden, doch auf der Parzelle stand
zuvor ein alter provisorischer Wohnbau, der
lange als Lagerhaus diente. Er wurde abgerissen, das neue Wohnhaus gilt als »Ersatzbau«.

Die Verkleidung aus Plexi-glas-Wellplatten erinnert an die Gewächshäuser der benachbarten Gärtnerei, so gibt sich der schlichte Kubus nicht auf den ersten Blick als Wohnhaus zu erkennen.

Auf der Westseite rücken die Gewerbebauten dicht heran. Einzige Öffnungen des Hauses sind die Ein-gangstür und ein Fenster-band im Obergeschoss, das die Galerie über dem Essplatz belichtet.

Dies bedeutet auch, dass in der Nachbarschaft nicht mehr gebaut werden darf und der Blick ins Illertal und auf die Allgäuer Alpen im Sü-den und nach Osten nicht mehr verstellt werden kann. Ein weiterer Vorzug des Geländes ist der große Baumbestand im Norden. Somit war es Aufgabe der Architektur, die Aussicht nach Norden, Osten und Süden zu zelebrieren – sie spielte sowohl bei der Raumaufteilung als auch der Orientierung der Fenster die Hauptrolle.

Nach der bayerischen Bauordnung redu-zierten sich die Abstandsflächen zur seitlichen Grundstücksgrenze auf drei Meter, sobald das »Schmalseitenprivileg« angewandt wurde, also die Länge des zweigeschossigen Hauses unter 16 Metern lag. So entstanden die Abmes-sungen des Baukörpers von fünf Metern Brei-te und 15,99 Metern Länge.

Das knappe Budget von 138.000 Euro bestimmte die Materialwahl. Die schlichte, schmale Schatulle wird 40 Zentimeter über das Erdreich angehoben und punktweise auf Stahlträgern gelagert. Der pavillonartige »Ersatzbau« besteht aus einer Leichtbau-konstruktion aus Holz, die in der Zimmerei vorgefertigt wurde. Innerhalb nur eines Tages waren die Wand- und Deckenelemente auf den beiden Stahlträgern montiert. Das Fassa-denmaterial ist ebenfalls preisgünstig, es handelt sich um opake Plexiglas-Wellplatten,

So beengt die Situation direkt am Haus auch sein mag, in Richtung Süden, zur unverbaubaren Aussicht öffnet es sich mit raum-hohen Glasflächen auf bei-den Geschossen.

Besonders bei einer kleinen Grundfläche kann eine Galerie die räumliche Enge überspielen. Hier wurde lediglich in dem Bereich, wo der Esstisch stehen wird, die Decke ausgespart, die Raumwirkung aber ist zusammen mit den großen Glasflächen beeindruckend.

die je nach Lichteinfall und Sonnenstand in einer anderen Farbe schimmern. Insgesamt betrug die Bauzeit sieben Monate.

Das Haus erhielt den Thomas-Wechs-Preis des BDA Schwaben; er würdigt Bauten mit innovativer Materialwahl und Formensprache, die in der schwäbischen Kulturlandschaft die Diskussion über Architektur anregen. Das Credo von Thomas Wechs (1893–1970) hieß, »sachlich, zweckmäßig und brauchbar soll Architektur sein, den Gesetzen der Schönheit nach alten Proportionsregeln folgen und an die Tradition gebunden sein, soweit sie dem Fortschritt nicht im Wege ist«.

Querschnitt
M 1:200

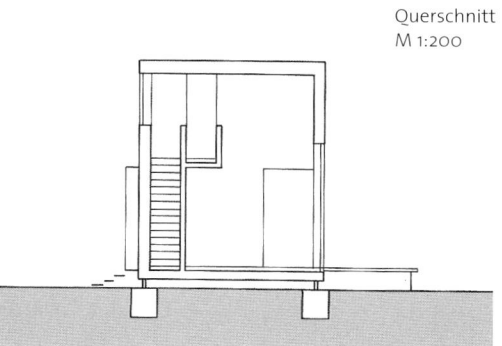

Zum Glück steht das Wohnhaus im so genannten Außenbereich des Ortes. Auch der Blick Richtung Osten und Norden wird also in Zukunft nicht verbaut. Ein Sichtschutz ist nicht notwendig.

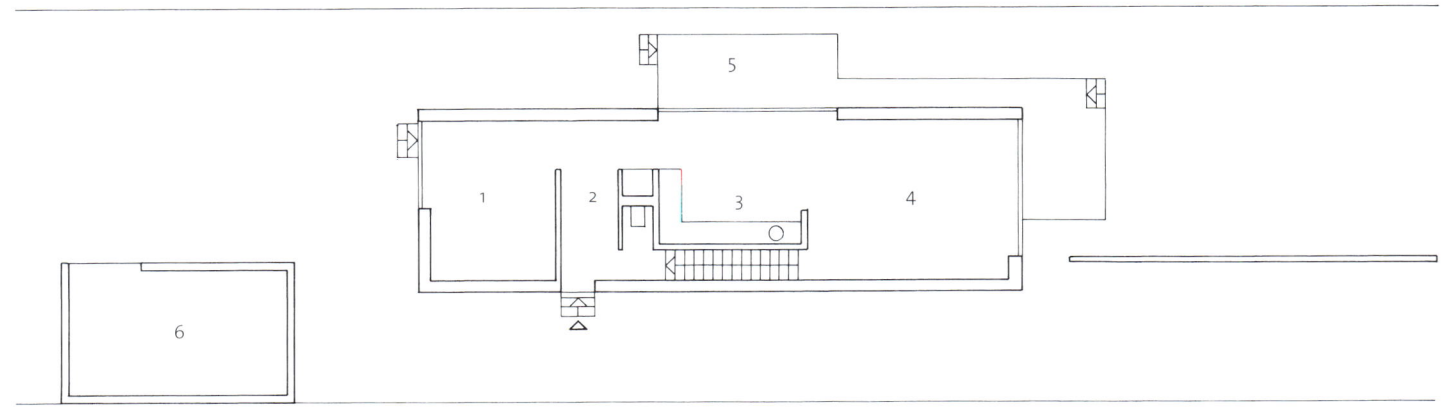

Erdgeschoss
M 1:200

1 Arbeiten
2 Garderobe
3 Küche, Essen
4 Wohnen
5 Terrasse
6 Gartenhaus

In zweiter Reihe

Die Bauherren wünschten sich eine Dachterrasse mit Abendsonne. Da aber die Nachbarn im Westen sehr dicht heranrücken, muss sich das Haus in die Höhe strecken.

Architekten:
 Architektur-Werk-
 Stadt Balhorn-Wewer
 Karhoff, Paderborn
Landschaftsarchitekten:
 Gasse und
 Schumacher,
 Paderborn
Tragwerksplanung:
 Bröckling+ Vullhorst
 Hövelhof
Fertigstellung:
 August 2000
Mehrkosten:
 ca. 7.700 Euro
Grundstücksfläche:
 678 Quadratmeter
Wohnfläche:
 207 Quadratmeter
Standort:
 Elsener Straße 37a
 Paderborn
 Nordrhein-Westfalen

Drei Jahre lang suchte der Bauherr – einer der drei Inhaber des Architekturbüros aws – für sich und seine Familie ein bezahlbares Grundstück innerhalb von Paderborn, auf dem sich seine Vorstellungen vom Wohnen realisieren ließen. Schließlich entdeckte er ein geeignetes in zweiter Reihe, das wegen seiner geringen Grundstücksbreite von 17 Metern für Bauträger zum Bau eines Mehrfamilienwohnhauses nicht in Frage kam. Es wird von Norden über eine angrenzende Parzelle erschlossen – dort steht ein Mehrfamilienhaus aus den zwanziger Jahren, das das Architekturbüro erworben hat. Im Osten und Westen befinden sich zweieinhalbgeschossige Zwölffamilienhäuser, die bis auf drei Meter heranrücken. Nur im Süden begrenzt es lediglich die niedrige Rückwand einer Garagenanlage.

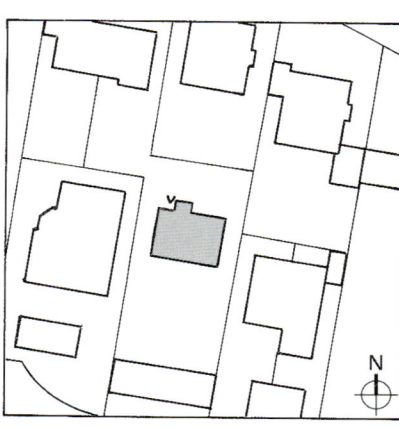

Lageplan
M 1:1250

Auf der Höhe der Sattel-dächer in der Nachbar-schaft ergibt sich durch das zurückgesetzte Attika-geschoss ein Freisitz.

Das Treppenhaus schiebt sich als rot gestrichener Turm aus der Nordfassade Rechts daneben befindet sich die Haustür.

Trotzdem verwirklichte die Familie für sich ein helles, offenes Haus mit Ausrichtung zum Garten und zur Sonne. Aufgrund der städte-baulichen Gegebenheiten gibt es sich dreisei-tig relativ geschlossen, öffnet sich aber nach Süden mit einem hohen Verglasungsanteil. Eine freistehende Stahlkonstruktion trägt das »schwebende Flugdach« und die über die gesamte Südseite vorgelagerten Freibereiche, die so gleichzeitig als Sonnenschutz dienen. Außerdem fand eine zusätzliche »Rotweinter-rasse« im Nordwesten des Staffelgeschosses Platz – hier lässt sich nach getaner Arbeit noch die späte Abendsonne genießen.

Bauen in zweiter Reihe bedeutet oft zusätz-lichen Ärger und einen aufwändigeren Bau-ablauf. Die Zufahrt zu dem »Hammergrund-stück« ist nur drei Meter breit, zudem wurde das an der Straße liegende Wohnhaus zeit-gleich zum Architekturbüro umgebaut und erweitert, sodass die Zufahrt phasenweise gar nicht zur Verfügung stand. Daher wurden die vorgefertigte, insgesamt zehn Meter hohe

In drei Richtungen muss sich das Haus gegen seine Nachbarn abschotten, nur die Südseite ist zu 85 Pro-zent verglast. Das Attika-geschoss setzt sich von den Wohnebenen deutlich durch seine sandgestrahlte Glasschuppenverkleidung ab.

Ein leicht wirkendes Flugdach aus Wellblech ist mit
etwas Abstand als fester
Schattenspender auf dem
Container montiert.

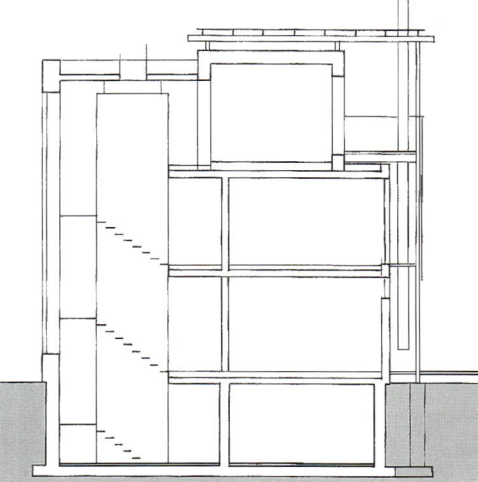

Querschnitt
M 1:200

Alles im Haus orientiert
sich an der Sonne. Sogar
der Kamin vor der halb-
hohen Wandscheibe liegt
an der Südfassade.

Stahlfachwerkstreppe und ein recycelter
»Schulcontainer« mit Hilfe eines 60-Tonnen-
Autokrans über den vorderen Altbau gehievt,
um den Baufortschritt zu gewährleisten.

Der Schulcontainer gehörte zu einem ganzen System für ein ehemaliges naturwissen-
schaftliches Provisorium, wie es um 1970
überall Verwendung fand. Die säuberlich ge-
reinigte Stahlkonstruktion wurde als Grund-
gerüst für das Staffelgeschoss im zweiten
Obergeschoss verwendet, das nun als Arbeits-
zimmer genutzt wird. Die lichte Höhe von
drei Metern im Containerinneren kommt der
Proportion des ganzen Hauses zugute. Dies
wurde in CAD-3D-Animationen perspektivisch
überprüft.

Das Wohnhaus entspricht den Festlegun-
gen des Bebauungsplans, einem zweieinhalb-
geschossigen Gebäude mit geneigtem Dach.
Die vorhandene Vegetation des verwilderten
Gartens blieb weitgehend erhalten. Der Bau
konnte um einen Meter weiter nach Süden ge-
schoben werden als ursprünglich geplant,
um das Wurzelwerk eines alten Ahornbaums
nicht zu beschädigen. Nach Osten und Westen
schotten ihn die fast fensterlosen Wandschei-
ben gegen die nahe gelegenen Nachbarhäuser
ab und gewähren die Intimität für ein offenes,
zur Sonne orientiertes Familienleben mitten
in der Stadt.

Staffelgeschoss

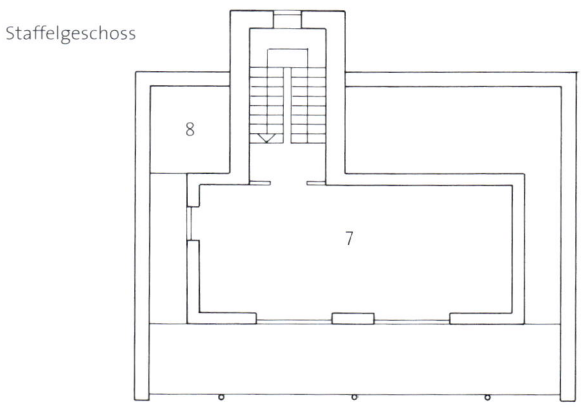

1 Carport
2 Windfang
3 Wohnen
4 Essen
5 Küche
6 Schlafen
7 Arbeiten
8 »Rotweinterrasse«

Ein alter Schulcontainer wurde als »Rohbau« des Staffelgeschosses recycelt und mit einem Autokran über das Nachbardach gehievt. Der Kran rechts im Bild gehört zur Nachbarbaustelle.

Obergeschoss

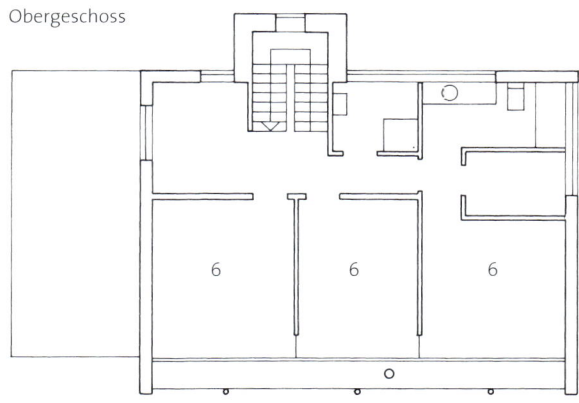

Erdgeschoss
M 1:200

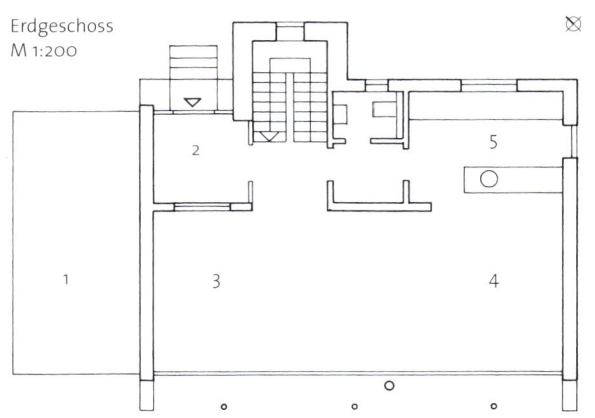

Die vorgefertigte Stahltreppe wurde schon früh in den Rohbau eingesetzt, so hat man sich das Geld für eine Bautreppe gespart. Auch sie gelangte per Autokran an Ort und Stelle.

Stark einsehbar

Architekten:
    Architekten Lenz-
    straße Dreizehn,
    Thomas Fabrinsky,
    Karlsruhe
Mitarbeiter:
    Jürgen Meier, Chris-
    tiane Neumüllers
Fertigstellung:
    März 2002
Konstruktion:
    Mauerwerk (Haupt-
    haus) und zweischa-
    liger Sichtbeton
    (Nebenhaus) mit
    Betondecken und
    Holzdachstuhl
Mehrkosten:
    keine, da die Proble-
    matik des Grund-
    stücks mit Hilfe des
    Entwurfs gelöst ist
Grundstücksfläche:
    1.148 Quadratmeter
Wohnfläche:
    208,5 Quadratmeter
Standort:
    Steinbrunner Weg 2
    Battenberg, Pfalz

Von der Straße im Westen
ist nur ein Geschoss von
dem Haus zu sehen. Nichts
deutet auf das komplexe
Raumgefüge innen und
außen hin, das sich den
Hang hinunter staffelt.

Der Bauherr wurde durch die Buchveröffent-
lichung eines Wohnhauses auf den Architekten
aufmerksam. Er sprach ihn daraufhin an, ob er
nicht Lust habe, für ihn ein »Häuschen« zu
bauen. Er hatte ein schönes Grundstück mit
Talblick erworben: Vom Rücken des Pfälzer
Waldes blickt man hinunter in die Rheinebene
nach Südosten und im Westen oberhalb des
Geländes auf Weinberge. Was so einfach klang,
stellte sich als anspruchsvolle Aufgabe heraus.
Denn die Parzelle ist an drei Seiten von zwei
öffentlichen Straßen und einem Fußweg umgeben; das Haus konnte sich also nicht, wie
der Bauherr es wünschte, nach mehreren Richtungen orientieren und öffnen – man hätte
sich überall beobachtet gefühlt. Dagegen er-
wies sich der Bebauungsplan als Glücksfall.
Die Vorgaben stammten aus den siebziger Jahren, sie sahen eine Flachdachsiedlung vor und
wiesen ein großzügiges Baufeld aus, das viel
Spielraum für die Platzierung des Hauses ließ.
Nur die Angabe für die maximale Gebäude-
höhe spielte eine wichtige Rolle, damit den
darüberliegenden Bungalows der Blick ins Tal
erhalten blieb.

Um die notwendige Intimität herzustellen,
teilte der Architekt das Raumprogramm in
mehrere Baukörper auf und gruppierte sie so
am Hang, dass sich auf zwei Ebenen Außenbe-
reiche ganz unterschiedlicher Qualität ergaben. Nach dem Sonnenverlauf und dem Fern-

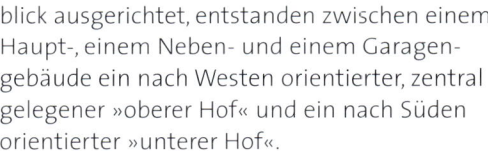

Lageplan
M 1:1250

Da das Grundstück beinahe ringsum von öffentlichen Wegen umgeben ist, dienen die raffiniert versetzten Gebäudeflügel dazu, private Außenräume zu schaffen. Somit entsteht ein Hofhaus auf zwei Ebenen.

blick ausgerichtet, entstanden zwischen einem Haupt-, einem Neben- und einem Garagengebäude ein nach Westen orientierter, zentral gelegener »oberer Hof« und ein nach Süden orientierter »unterer Hof«.

Man betritt das zweigeschossige Hauptgebäude im oberen Stock, dort befinden sich Küche, Essbereich mit einer Tür zum Freisitz im oberen Hof und der Wohnbereich. Diese Funktionen liegen, nur durch halbhohe Raumteiler abgetrennt, nebeneinander in einem einzigen stützenfreien Saal von 16 x 7 Metern mit Panoramablick in die Rheinebene. Um das großzügige Raumgefühl zu unterstreichen, wurde das Dach umlaufend mit einem schmalen Glasstreifen von den Außenwänden abgelöst. Auch von außen betrachtet scheint die Dachfläche zu schweben.

Nur zur Ostseite öffnet sich das Haus mit großen Glasflächen. Hier werden die eben gepflanzten Hecken in ein, zwei Jahren für die nötige Intimität sorgen.

Die Garage und eine hohe Mauer schirmen diese Terrasse vor dem Essbereich ab. Vom »oberen Hof« führt die Außentreppe hinunter in den »unteren Hof«.

Im Erdgeschoss liegen die Schlafräume. Hier vor allem spielt die Gartengestaltung eine wichtige, schützende Rolle, doch ist noch etwas Geduld nötig, bis die Pflanzen die richtige Größe erreicht haben werden. Im Nebengebäude befindet sich im Obergeschoss ein Büroraum, darunter ein Gästeapartment mit dem Luxus eines eigenen Außenraums, dem unteren Hof, der von den anderen Bereichen kaum einsehbar ist.

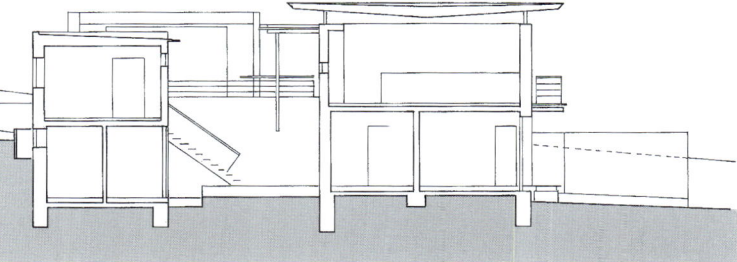

Querschnitt
M 1:250

Höhepunkt im Raumkontinuum ist der lichte, durchgängige Koch-, Ess- und Wohnbereich im oberen Stock. Hier kommt man in den vollen Genuss des Ausblicks in die Rheinebene.

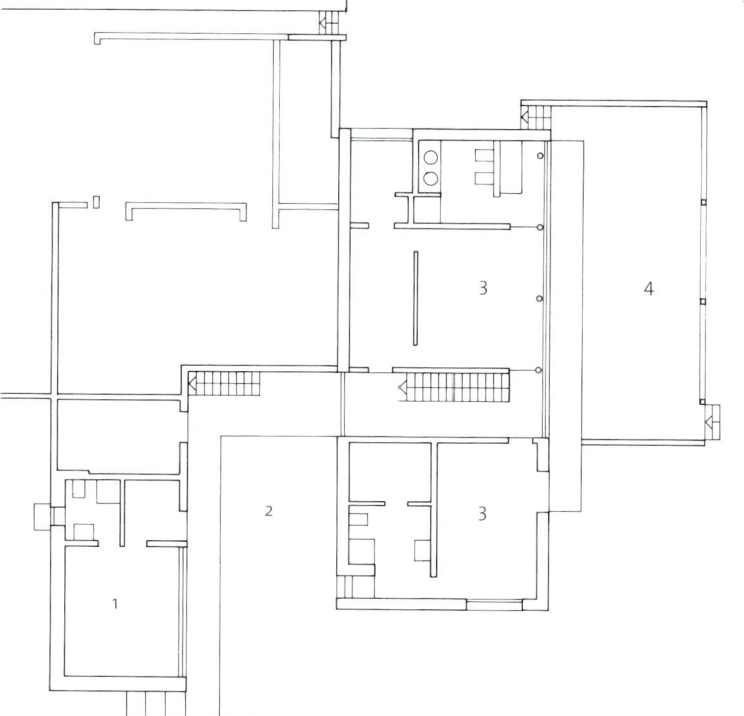

Untere Gartenebene
M 1:250

1 Gast
2 Unterer Hof
3 Schlafen
4 Terrasse

Problem Baugrund

Einem findigen Architekten fallen zu Bodengutachten, die den Untergrund als lockeren Kies, nicht tragfähige Lehmschichten oder Felsen ausweisen, nicht nur teure meterhohe Stützmauern, Pfahlgründungen oder in den Stein gehauene Kellergeschosse ein. Zusammen mit dem Geologen und dem Statiker können kostengünstigere Lösungen entwickelt werden, wie das Wohnhaus auf Seite 28 beweist. Dies ist eines der Beispiele, bei denen gleich mehrere Schwierigkeiten zusammen auftreten, denn es handelt sich außerdem um ein stark lärmbelastetes Haus. Zur Bauaufgabe auf einem steilen, felsigen Hang gehört es, den unangenehmen Raumeindruck eines Kellers in den unteren, einseitig belichteten Geschossen zu vermeiden (Seite 106). Dies kann auch durch ein künstliches Plateau erreicht werden wie auf Seite 118. Die Gefahr einer Überschwemmung dagegen ist architektonisch schwer zu lösen. Da hilft nur, wie Bauherr und Architekt in Niederalteich es taten, mit dem Schlimmsten zu rechnen.

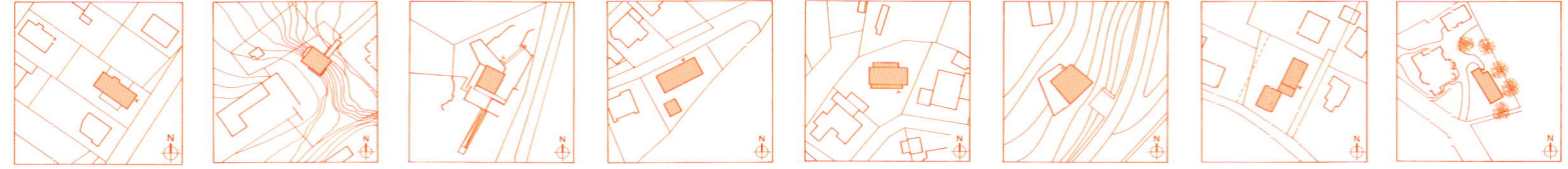

In der Senke

Architekten:
    Habermann.Stock.
    Decker, Lemgo
Tragwerksplanung:
    Gruppe Ingenieur-
    bau, Bad Salzuflen
Fertigstellung:
    Februar 2001
Konstruktion:
    WU-Beton und
    Mauerwerk im UG,
    Holzrahmenbau-
    weise im EG
    (Niedrigenergie-
    konzept)
Mehrkosten:
    Das Untergeschoss
    im Massivbau war
    Teil des Konzepts, also
    keine in dem SInne
Grundstücksfläche:
    652 Quadratmeter
Wohnfläche:
    178 Quadratmeter
Standort:
    Michaelstraße 8
    Detmold,
    Nordrhein-Westfalen

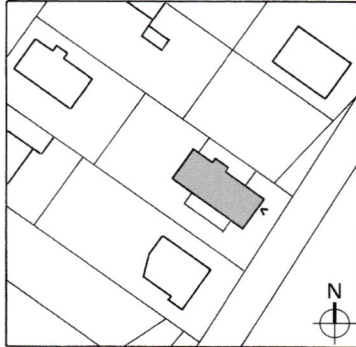

Lageplan
M 1:1250

Dieses kompromisslos moderne Wohnhaus lässt von den Schwierigkeiten, die das Gelände ursprünglich als Baugrund bereitete, heute wenig erahnen. Dabei galt das Grundstück lange als schwer bebaubar. Ein vorheriger Besitzer hatte es wieder verkaufen müssen, da mit einem genau den Vorgaben des Bebauungsplans entsprechenden Entwurf – ein eingeschossiges Haus mit Satteldach – kein befriedigendes Ergebnis zustande kommen wollte. Das Problem lag in einer quer zur länglichen Parzellenform verlaufenden, 3 Meter tiefen Senke. Außerdem befand sich das Baufeld am südöstlichen Rand, der Garten musste sich also nach Nordwesten orientieren. Dass sich dennoch wieder ein Käufer fand, liegt am schönen Ausblick, denn der letzte freie Fleck in dem Wohngebiet am Rand von Detmold fällt nach Süden ab, zum Teutoburger Wald und dem Hermannsdenkmal in der Ferne.

Den jungen Architekten kam die Idee, die natürliche Senke mit einem flachen, langgestreckten Holzbaukörper wie mit einer Brücke zu überspannen. Das Untergeschoss sollte als Massivbau tief in das Erdreich eingegraben werden. Alle Wohnräume wurden nach Süden ausgerichtet und der Zugang auf die Nordseite gelegt. Ein besonderer Wunsch des Bauherren war ein Frühstücksplatz mit Morgensonne, den die Architekten als gläsernen Erker an die Ostseite andockten.

Bauherr und Architekten waren von diesem Entwurf so überzeugt, dass sie beschlossen, ihn gegen die Vorgaben des Bebauungsplans durchzusetzen und eine Bauvoranfrage wegen der Abweichungen einzureichen. Stadt und Nachbarn wurden in die Diskussion einbezogen, und so ließ sich in einer überraschend einvernehmlichen Zusammenarbeit aller Beteiligten der Flachdachbau realisieren. Die Schwierigkeiten des Grundstücks führten letztendlich zu einem sehr individuellen, modernen Wohnhaus mit abwechslungsreichen Außenräumen unterschiedlicher Qualität wie Kiesgarten, Atelierhof und Terrasse.

Die natürliche Senke vor 3 Metern Tiefe und die langgestreckte Form des Grundstücks bestimmen das Konzept des Hauses.

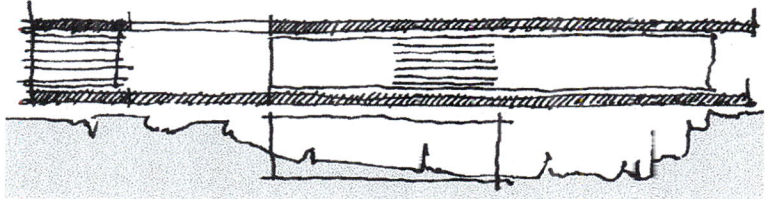

In die Senke wurde das Souterrain in Massivbauweise gesetzt, darüber spannt sich die mit Lärchenholz verkleidete Holzrahmenkonstruktion des Wohngeschosses wie eine Brücke.

Die großflächige Verglasung besteht aus einer Pfosten-Riegel-Konstruktion mit scharfkantigem Leimholz und außenliegenden, sichtbar verschraubten Alu-Pressleisten. Rechts der Wohnbereich im oberen Stock. In dem blau gestrichenen Block befindet sich die Küche.

Querschnitt
M 1:200

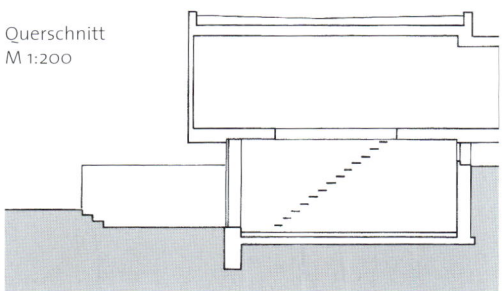

Eine ausgesparte Ecke
auf der Ostseite des Bau-
körpers bildet den über-
dachten Eingang. Rechts
im Bild der blechverkleidete
Frühstückserker

Legende Grundrisse
1 Hauswirtschaft
2 Atelier
3 Schlafen
4 Hausanschlussraum
5 Hof
6 Wohnen
7 Küche
8 Kind
9 Einliegerwohnung

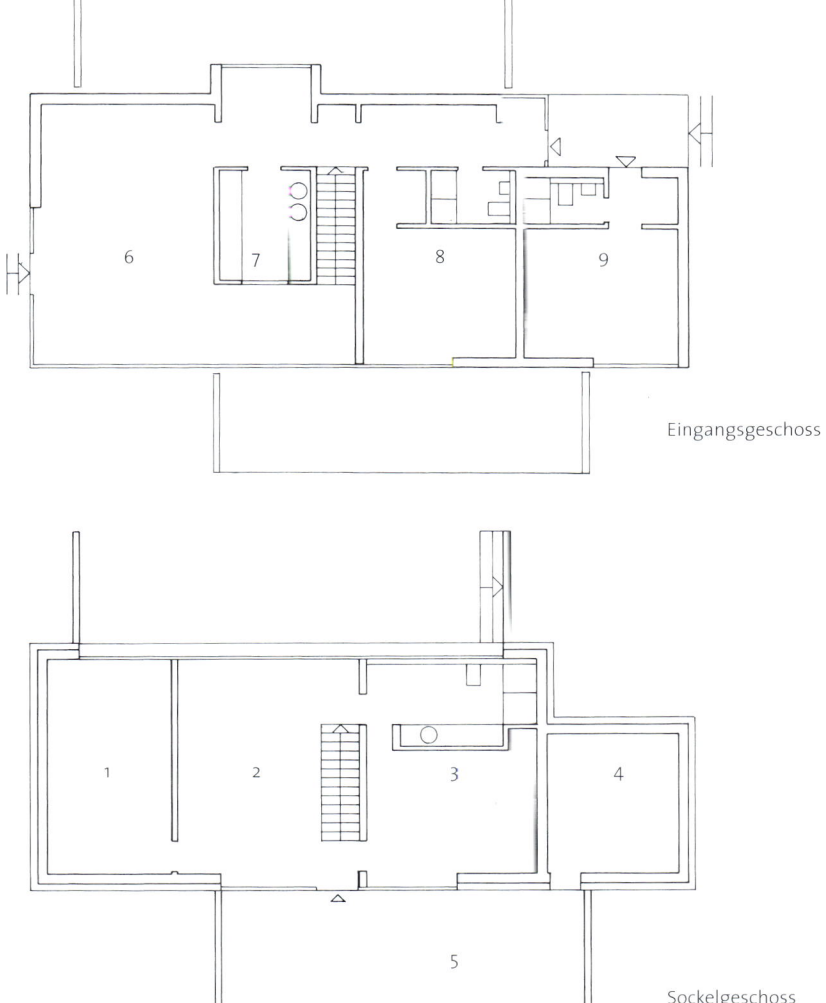

Eingangsgeschoss

Sockelgeschoss
M 1:200

Turm am Steilhang

Architekt:
   Manfred Nagel, Kiel
Mitarbeiter:
   Sylke Müller-Montag,
   Henning Zeiske,
   Volker Wieder
Bauleitung:
   J. P. Baden
Tragwerksplanung:
   KSV Ingenieure,
   Ascheberg
Fertigstellung:
   Juli 1998
Konstruktion:
   Kalksandstein-
   Mauerwerk
   mit Wärmedämm-
   verbundsystem
Mehrkosten:
   Brücke im 3. OG;
   Geländeabfangung
Grundstücksfläche:
   450 Quadratmeter
Wohnfläche:
   222 Quadratmeter
Standort:
   Krusekoppel 7
   Plön, Schleswig-
   Holstein

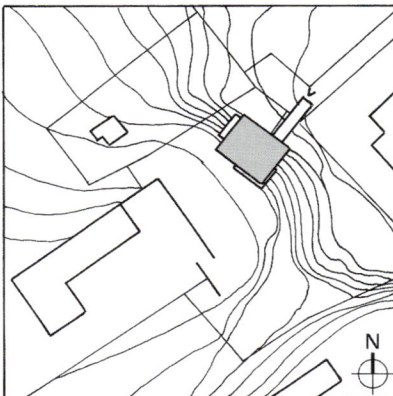

Lageplan M 1:1250

Der Rand des Wohngebiets fällt hier abrupt ab, der Stichweg endet. Hinter den Gärten der anliegenden Nachbarhäuser klafft eine tiefe ehemalige Kiesgrube, die früher mit dichtem Gebüsch überwachsen war. Zwar wurde auch dieser Bereich als Wohngebiet ausgewiesen, er unterlag aber der Beurteilung nach Paragraph 34 des BauGB. Das bedeutet, dass nicht die Auflagen eines Bebauungsplans gelten, sondern die Genehmigung davon abhängt, ob und wie sich das Gebäude in die Umgebung einfügt. Ein Grund, warum sich lange kein Interessent dafür fand, lag in der aufwändigen Abfangung des Geländes, da die Gefahr bestand, dass der Boden abrutschte. Tatsächlich

Was wie ein Traumgrund-
stück am Hang aussieht,
war einmal eine stark ein-
gewachsene Kiesgrube
mit äußerst schwierigen
Bodenverhältnissen.
Links Modellfoto

Am Rand des Wohngebiets fällt das Gelände steil ab, von hier führt ein stählerner Steg zur Haustür. Durch das Küchenfensterband daneben sieht man Besucher kommen.

Das Motiv der Brücke auf der Nordostseite setzt sich auf der Südseite als Loggia fort. Von der obersten Ebene gelangt man über eine Stahltreppe auf das Dach.

musste der Hang beim Bauen abschnittsweise abgestützt werden, was kostspielig und zeitraubend war.

Von der Stichstraße aus ist heute nur ein zweigeschossiger weißer Kubus in klassisch moderner Architektursprache zu sehen, auf den eine schmale Stahlbrücke zuführt. Erst beim Nähertreten bemerkt man, dass es sich um ein fünf Geschosse hohes Haus handelt, das tief unten in der Kieskuhle fußt. Unten, vom Garten aus betrachtet, bietet sich aber ein anderer Eindruck. Die Fassadenaufteilung mit großen Glasflächen und einem Einschnitt für den Balkon überspielt die fünf Geschosse geschickt, sodass der Kubus kompakt wirkt. Die klare Bauform blieb erhalten, sie wurde nur modelliert, um Flächen substrahiert und unterscheidet sich so von den konventionellen Häusern rundum, wo unförmige Erker und Gauben addiert sind.

Durch den Zugang der Innenräume über die Brücke im dritten Obergeschoss wird die in Einfamilienhäusern übliche Nutzungsaufteilung durcheinandergewürfelt. Zu ebener Erde im Garten liegt hier ein zweigeschossiger Arbeitsraum, darüber Schlaf- und zwei Kinderzimmer; auf der vierten Ebene befinden sich neben dem Eingang Küche und Essbereich, und ganz oben auf einer Galerie ist ein Wohnstudio mit Kamin und eine Bibliothek untergebracht. Das Innere des Hauses wirkt großzügig und lebt von den fließenden Übergängen der Räume auch in vertikaler Richtung, was sich von außen in der Südfassade schon angedeutet hat. Effektvoll wird die Aussicht zelebriert. Architekt und Bauherr sind sich einig – allein für diesen Blick auf die Plöner Seenlandschaft und das Schloss hat sich die intensive Auseinandersetzung mit dem Ort gelohnt. Der Genuss lässt sich sogar noch steigern, denn außen an der Westfassade führt eine schmale Stahltreppe wie eine Feuerleiter hinauf auf die Dachterrasse: Hier entfaltet sich das ganze Panorama.

Wohnebene
M 1:200

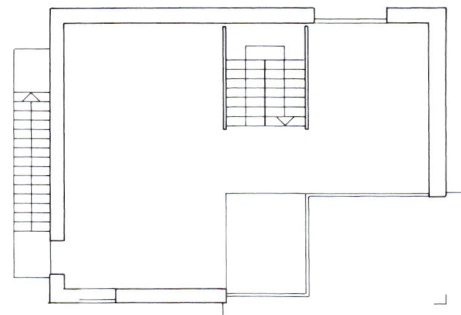

Nordsüdschnitt
M 1:200

1 Wohnebene
2 Eingangsebene
3 Schlafebene
4 Kreativebene
5 Gartenebene

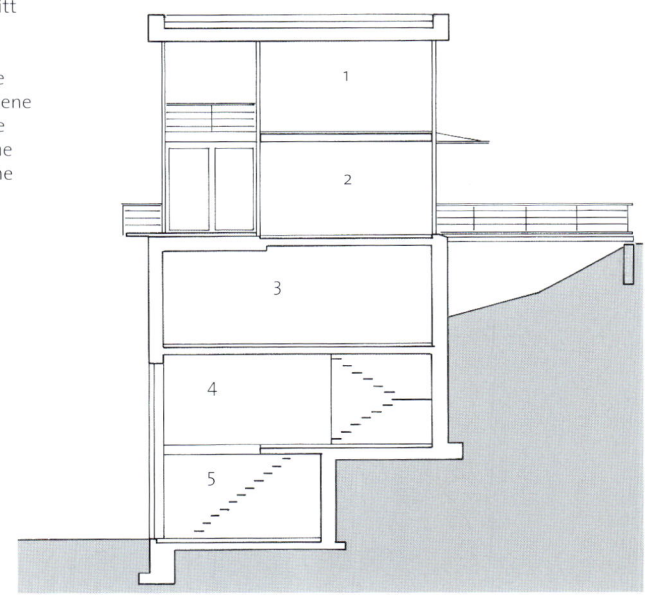

Die Räume, in denen sich die vierköpfige Familie trifft, liegen in den oberen beiden Geschossen. Hier ist der Ausblick am besten. Links die Wohnebene

Auf alten Mauern

Architekten:
Langensteiner
Architekten,
Ettlingen
Fertigstellung:
2000
Konstruktion:
Mauerwerksbau mit
Vollwärmeschutz-
fassade im Dickputz-
system
Besonderheiten:
Lage im Landschafts-
schutzgebiet mit
Bestand
Grundstücksfläche:
15.000 Quadratmeter
Nutzfläche:
135 Quadratmeter

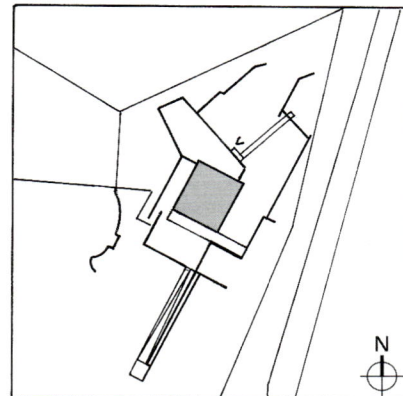

Lageplan M 1:1250

Das Grundstück liegt im so genannten Außen-bereich in einem Landschaftsschutzgebiet. Das bestehende Gebäude stammte aus der Zeit des Zweiten Weltkriegs. Zahlreiche Wün-sche des Landschaftsschutzes und das Anlie-gen des Bauherrn, typische Gestaltungsformen der ursprünglichen, durch frühere Baumaß-nahmen veränderten Landschaft wieder auf-zugreifen, führten zu einem intensiven Ab-stimmungsprozess mit den beteiligten Behör-den und stellten besondere Anforderungen an die Planer.

Der Entwurf musste von den Maßen und Flächen der vorhandenen, schadhaften Bau-substanz ausgehen. Da während der Umbau-phase im Fundamentbereich weitere Schäden festgestellt wurden, sind vorhandene Bauteile – soweit möglich – integriert, ansonsten neu hergestellt. Die überbaute Fläche durfte je-doch nicht erweitert werden. Vorhandene Bausubstanz und notwendige Erneuerungen mussten technisch und gestalterisch in Über-einstimmung gebracht werden. Hinzu kam die Vorgabe des Bauherrn, die ökologische Bi-lanz sowohl des Gebäudes als auch der Außen-anlage so günstig wie möglich zu gestalten. In Relation zu dem circa 15.000 Quadratmeter großen Grundstück fällt das Gebäude mit einer überbauten Fläche von circa 83 Quadrat-metern und circa 52 Quadratmetern extrem zurückhaltend aus.

Das Grundstück liegt in einer Hanglage des Schwarzwalds. Der terrassierte Außenbereich und der Landschaftsschutz stellten hohe Anforderungen an die Planer.

Dunkelgrau eingefärbter Kratzputz und roter Sandstein prägen das Haus. Ganzjährig begrünte Stützmauern nehmen landschaftstypische Gestaltungsformen wie etwa die Terrassierung eines Weinbaugebiets wieder auf, die durch vorangegangene Baumaßnahmen teilweise verändert worden waren. Der ausdrückliche Wunsch des Landschaftsschutzes bestand darin, Teile des vorhandenen Baumbestands zu entfernen, um Sichtachsen von dem öffentlichen Waldrandweg zu schaffen. Dies lässt das Gebäude heute freier dastehen als zuvor. Das Regenwasser, das vom Dach abfließt, wird über ein Catena in einen talseitigen Teich geleitet. Die daneben liegende Treppe aus Natursteinpflaster mit Lava-Material schafft neuen Lebensraum für Trockenkäferarten. Ein Teil des Gartens wurde als Streuobstwiese gestaltet – so ist eine alte Kulturlandschaft neu erstanden.

Von der Waldrandlage reicht der Blick bis in die Vogesen. Im Bild links die dem Wald zugewandte Rückseite des Hauses.

Große Schiebetüren führen vom Ess- und Wohnbereich auf die Terrasse mit Blick nach Südwesten.

Durchgehende Glasflächen
flankieren das Atelier auf
zwei Seiten. Hier an der
Ostfassade liegt auch der
Hauseingang.

Legende Grundrisse
 1 Loggia
 2 Nebenraum
 3 Hauswirtschaft
 4 Einliegerwohnung
 5 Wintergarten
 6 Garage
 7 Gartenmöbel
 8 Essen
 9 Wohnen
10 Diele
11 Atelier

Im Atelier, im Bild rechts,
wie auch im ganzen Haus
sind Einbauschränke,
Möbel und der Fußboden
einheitlich aus amerikani-
schem Schwarzkirschholz.

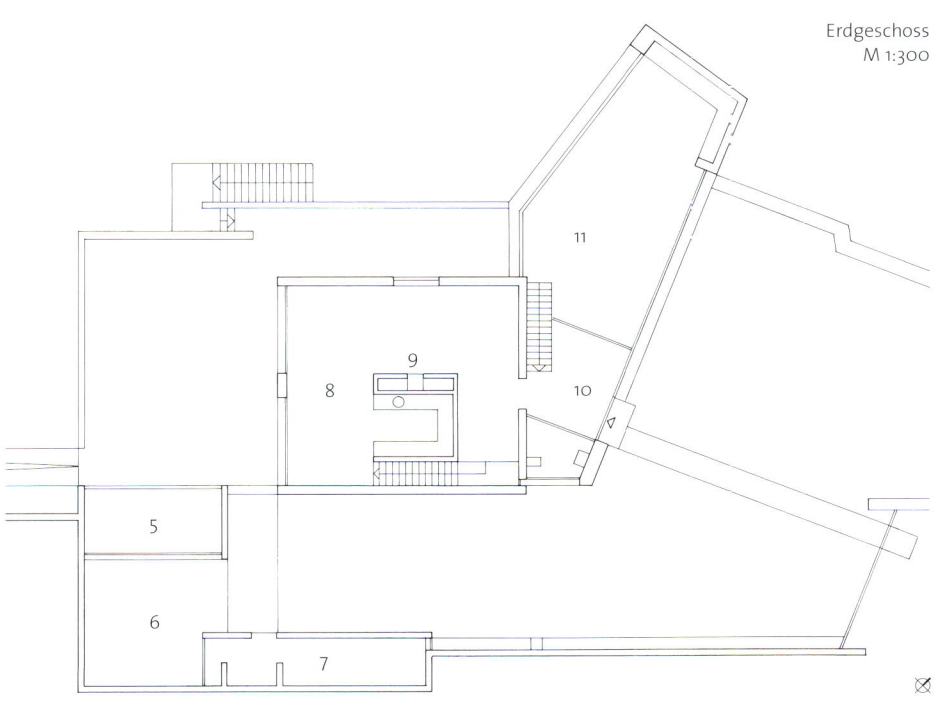

Erdgeschoss
M 1:300

Die Gästetoilette im Erd-
geschoss erhält ihr Licht
über eine raumhohe trans-
luzente Festverglasung.
Die restlichen Wandober-
flächen bestehen, eben-
falls raumhoch, aus Holz
und Spiegel.

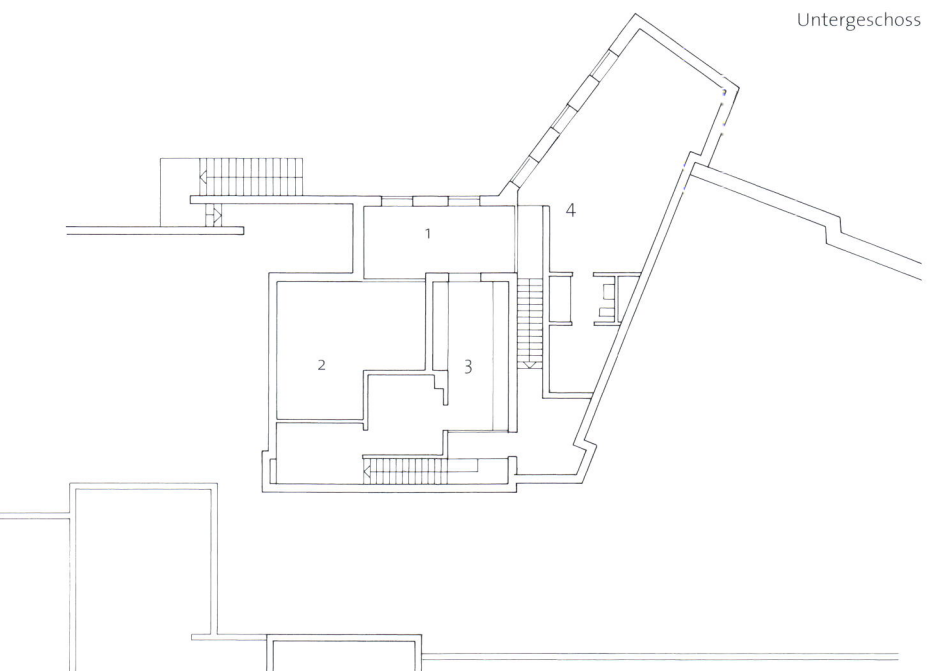

Untergeschoss

Die Materialien sind edel,
solide und in schlichter
Form ausgeführt, damit sie
zur Geltung kommen. Ein
einfaches Rohr aus Edel-
stahl dient als Handlauf,
eine Glasscheibe als Treppenwange.

Abhang am Wald

Architekten:
    Stefan Lambertz,
    Birgit Schöpf,
    München
Zusammen mit:
    architektur
    außen + innen,
    Günter Hoffmann,
    Konz
Tragwerksplanung:
    Norbert Krewer,
    Walter Hassbach,
    Trier
Fertigstellung:
    2001
Konstruktion:
    Holzrahmenbau-
    weise in Betonwanne
Mehrkosten:
    keine
Grundstücksfläche:
    533 Quadratmeter
Wohnfläche:
    140 Quadratmeter
Standort:
    Mühlenstraße 8
    Korlingen,
    Rheinland-Pfalz

Durch geschickte Anord-
nung und Proportionierung
des Baukörpers konnten
die Probleme des Geländes
in Vorteile umgemünzt
werden.

An diesem »unbebaubaren« Grundstück hatten sich bereits zwei Vorbesitzer versucht.
Die Lage ist attraktiv, mit seiner 40°-Neigung
erscheint das Gelände zwar steil, orientiert
sich aber nach Süden mit Blick auf ein Wald-
gebiet. Der alte Ortskern der kleinen Gemeinde
grenzt direkt im Norden an. Eine kaum befahrene Straße führt in einer Spitzkehre um das
Grundstück herum, so ergibt sich ein schmales
zungenförmiges Landstück. Die früheren Besitzer konnten sich von der Vorstellung eines
»klassischen« Wohnhauses auf quadratischem
Grundriss allerdings nicht lösen, deshalb mussten sie bald wieder aufgeben. Eine solche Bauform wäre teuer geworden, denn der Hang
besteht bis auf eine Aufschüttung im Steilhang-
bereich aus Schiefergestein. Sie hätte mehrere
erdberührende Kellergeschosse erfordert und
meterhohe Stützmauern, ohne dass ein nutz-
barer Garten entstanden wäre.

Die Bauherrenfamilie des letztendlich realisierten Hauses bekam den schwierigen Grund
um ein Drittel billiger angeboten als die ebenen, wohlproportionierten Parzellen im Neubaugebiet – verlockend, wie sie fanden, denn
das Budget war klein. Vor dem Kauf befragten
sie aber die Architekten, ob ein Bauvorhaben
an dieser Stelle zu ihrem Budget realistisch
war. Ihr Wunschhaus in Holzrahmenbauweise
und vielen energiesparenden Aspekten sollte
auf jeden Fall im Kostenrahmen bleiben.

Das Haus wurde als etwa 5,5 mal 20 Meter langer Baukörper ohne Unterkellerung parallel zum Hang konzipiert. Eine U-förmige Stahlbetonstützwand fängt das Gelände an der steilsten Stelle ab. Da es sich hier um eine Aufschüttung handelt, war der Aushub nicht schwierig, und der darunter liegende Schieferfels eignete sich gut für die flächige Gründung der tragenden Bodenplatte. In dieses U wurde mit etwa 1,4 Meter Abstand der Baukörper gestellt. Dieser Zwischenraum von der Stahlbetonwand bis zum Holzhaus wird als Flurzone dem Grundriss zugeschlagen und von oben mit einem durchgehenden Glasstreifen belichtet; so kommt man gar nicht auf die Idee, sich in einem Keller zu befinden. Die offene Raumfolge von Kochen, Essen und Wohnen im oberen und die abgetrennten Schlafzimmer im unteren Geschoss profitieren alle gleichermaßen vom Ausblick und dem Zugang ins Freie. Die vorgelagerte Balkonzone verschattet die großen Glasflächen der Fenstertüren zusätzlich im Sommer.

Zum Wunsch nach einem ökologischen Bau gehört auch Flexibilität für spätere Nutzungen, daher können bei Bedarf beide Geschosse voneinander unabhängig als separate Wohnungen ausgebaut werden. Der Abstand zum Wald ist groß genug, damit genügend Sonne auf die Südfassade trifft, um die Solarenergie passiv und aktiv zu nutzen. Auch andere energiesparende Details wie ein massiver Fuß-

Durch die Orientierung des Gebäudes mit großen Fenstern nach Süden und kleinen nach Norden wird die Solarenergie aktiv genutzt. Der Dachüberstand und der Balkon schützen die Glasflächen vor zu viel Sonne.

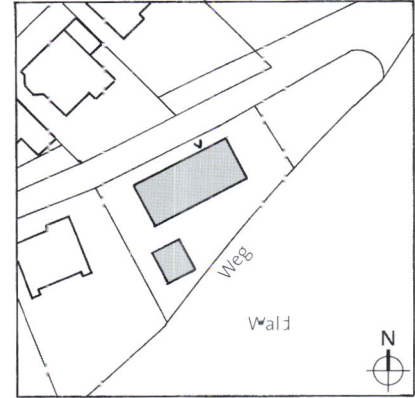

Lageplan
M 1:1250

Oben: an der Straßenseite im Norden liegt der Eingang. Hier wirkt das Haus eingeschossig. Links: Die zwischen Holzhaus und Stahlbetonstützmauer entstandene Fuge im unteren Geschoss hat ein Oberlichtband auf Straßenniveau und wird als Galerie sowie als Spielflur für die Kinder genutzt. Der Sichtbeton wurde als Kontrast zum Holzhaus belassen.

bodenaufbau mit Betonwerksteinen als Speichermasse oder ein Erdspeicher für das Regenwasser sind ebenso berücksichtigt wie baubiologische Materialien, zum Beispiel in Form einer Zellulose- und Schafwolldämmung. Insgesamt wird der geforderte Wärmeschutzwert für die Kontruktion um 28 Prozent unterschritten. Die ökologisch orientierte Bauherrenfamilie konnte sich all diese Extras jedoch nur leisten, weil sie selber beim Ausbau Hand anlegte, und nicht zuletzt weil das Grundstück so günstig war.

Eine sorgfältige Detaillierung des hochwärmegedämmten Holzrahmenbaus berücksichtigt auch den konstruktiven Holzschutz, sodass keine chemische Nachbehandlung notwendig ist.

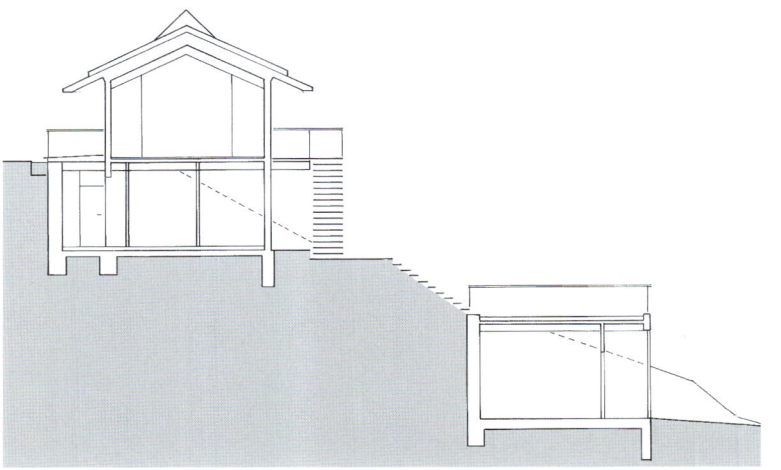

Querschnitt
M 1:250

Gleich beim Betreten
des Hauses blickt man ins
Grüne. Beide Geschosse
sind auf der Südseite durch
Fenstertüren gleichen
Formats bestens belichtet.

Eingangsebene
M 1:250

1 Eingang
2 Arbeiten
3 Küche
4 Essen
5 Wohnen
6 Terrasse
7 Eltern
8 Kind
9 Garage

Gartenebene

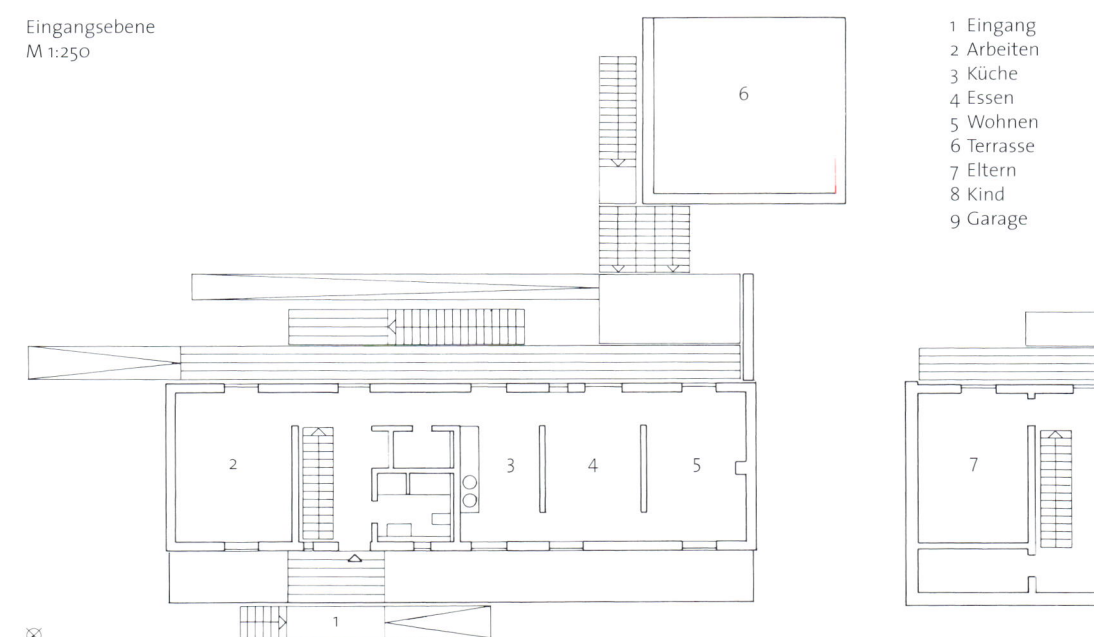

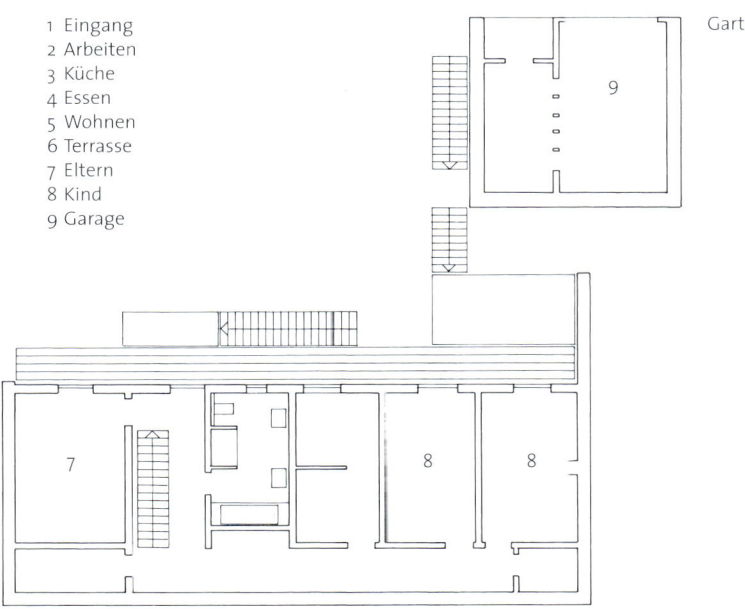

Im Überschwemmungsgebiet

Architekten:
   Reiszky Architekten,
   Hengersberg
Freier Mitarbeiter:
   Bernd Bornschlegel,
   Regensburg
Tragwerksplanung:
   Reinhold Bücherl,
   Neuried
Haustechnik:
   Michael Löw,
   Regensburg
Fertigstellung:
   2000
Grundstücksfläche:
   950 Quadratmeter
Wohnfläche:
   173 Quadratmeter
Standort:
   Mäuslpoint 21
   Niederalteich, Bayern

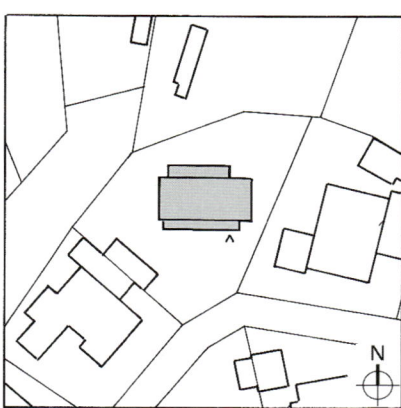

Lageplan
M 1:1250

In diesem Dorf zu wohnen scheint riskant.
Es liegt unmittelbar an der Donau, und die Einwohner müssen Jahr für Jahr mit dem »Tausendjährigen Hochwasser« rechnen, bei dem der Damm brechen könnte. Vorgekommen ist es allerdings noch nicht. Die Besitzer dieses Hauses haben das Grundstück vom Großvater geerbt und gelernt, dass man Wohngebäude auch solchen Konditionen anpassen kann. Die Parzelle liegt etwa 500 Meter vom Fluss entfernt, im Fall eines Dammbruchs würde das Erdgeschoss bis an die Decke überflutet werden. Nach einer Auflage des Amts für Wasserwirtschaft sind also Schlafräume zu ebener Erde nicht zulässig. Der Grundwasserspiegel liegt mit einem Meter außerdem relativ hoch. Viele der Nachbarn wollten auf einen Keller nicht verzichten und mussten ihn als »Weiße Wanne«, das heißt mit wasserundurchlässi-

Nach der traditionellen Hausform in der Region sitzen Obergeschoss und Dachstuhl aus Holz auf einem gemauerten Erdgeschoss. Hier bilden jedoch die Seitenwände lediglich »Kufen« aus Mauerwerk, während die Giebelwände wie links auf der Ostseite nichttragend dazwischen gehängt wurden.

Üblicherweise wird bei einem Niedrigenergiehaus die Südseite zum großen Teil verglast. Hier erlaubte dies die Konstruktionsweise nur im Obergeschoss. Außerdem führt im Süden die Straße vorbei.

Wohnbereich (oben), Essplatz und Küche bilden im Erdgeschoss eine durchlässige Raumsequenz mit Fußbodenheizung, nur durch offene Holzrahmen abgeteilt. Die flache Aufbauhöhe der Brettstapeldecke ließ eine angenehme Raumhöhe von 2,50 Metern zu.

gem Beton, ausführen lassen. Diese hohen Kosten hat sich die Bauherrenfamilie gespart und die Abstellräume zu ebener Erde untergebracht. Auf dem Grundstück befand sich auch eine alte Garage, die als Ersatzkeller genutzt wird.

Zunächst stellte sich das Problem der Flächenaufteilung. Die Schlaf- und Kinderzimmer für die fünfköpfige Familie beanspruchten mehr Platz im Obergeschoss als Wohnen, Essen und Küche im Erdgeschoss. Die Architekten stellten deshalb ein 15 Meter langes Obergeschoss in Holzrahmenbauweise samt Dachstuhl auf knapp 16 Meter lange, gemauerte »Kufen«. Zwischen den Mauerscheiben liegt der nur 12 Meter lange Wohnbereich, darüber hinaus fand im Freien auf der Ostseite ein durch das Obergeschoss gedeckter Zugangs- und Frühstücksbereich Platz. Mit seinem gemauerten Erdgeschoss und der Holzkonstruktion im Obergeschoss passt sich das Haus der örtlichen Bautradition an. Nach Wunsch der Bauherren sollte es den vorherrschenden Typ des »Wohnstallhauses«, bei dem Wohnen und Stallgebäude hintereinander unter einem gemeinsamen Satteldach liegen, modern interpretieren.

So ist ein langer, schlanker, zweigeschossiger Baukörper mit ruhiger, geschlossener Dachfläche entstanden. Ziel war außerdem ein möglichst niedriger Energieverbrauch, der um etwa 25 Prozent geringer ausfallen sollte, als in der Wärmeschutzverordnung gefordert – ohne mehr zu kosten. Die Bauteile der Hülle weisen daher einen verbesserten Wärmeschutz auf. Das Ziel wurde auch erreicht: Der Energiebedarf liegt bei zirka 36 Prozent unter der WSchVO. Alle Innenwände sind nichttragend, eine Brettstapeldecke von nur 18 Zentimeter Bauhöhe überspannt die Hausbreite von 6,125 Metern. Im Inneren galt ansonsten: Rohbau gleich Ausbau, da das Budget mit rund 150.000 Euro sehr begrenzt war. Die Bauherren haben allerdings Zeit investiert – und mit 3.000 Arbeitsstunden beim Innenausbau 50.000 Euro gespart.

Querschnitt
M 1:200

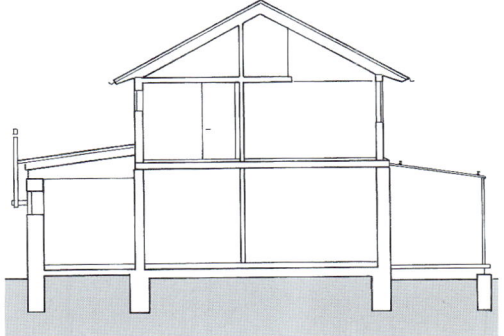

Wegen des knappen Budgets lautete der Grundsatz Rohbau gleich Ausbau. Unten ein Foto vom Vorplatz auf die Haustür, kurz nachdem die Familie eingezogen ist.

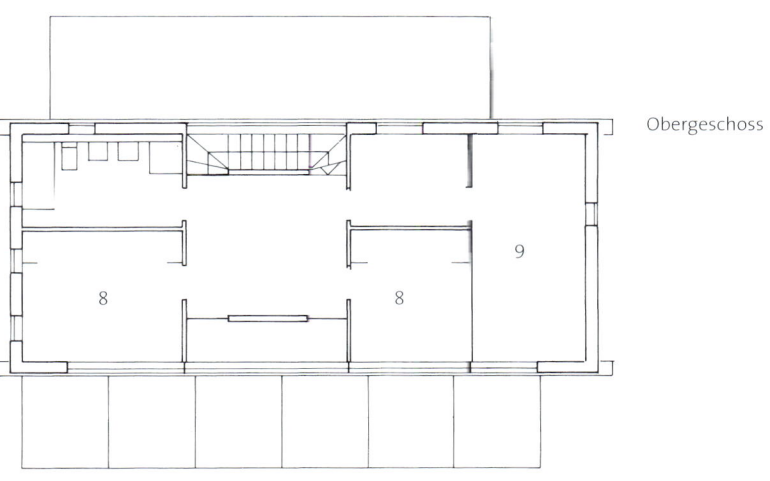

Obergeschoss

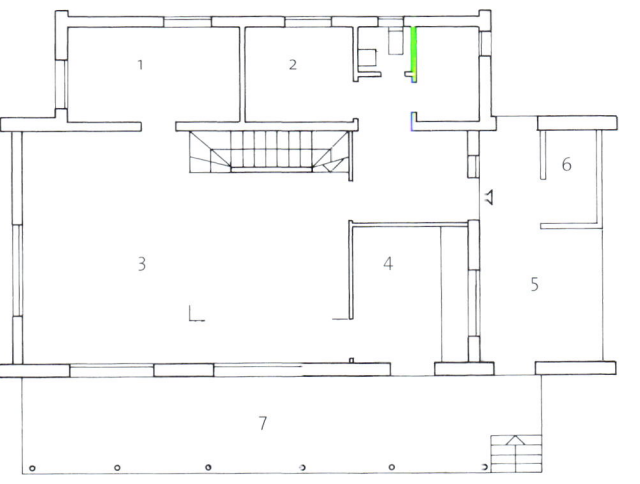

Erdgeschoss
M 1:200

1 Arbeiten
2 Haustechnik
3 Wohnen, Essen
4 Küche
5 Vorplatz
6 Abstellraum
7 Holzdeck Terrasse
8 Kind
9 Eltern

Das Wunschhaus

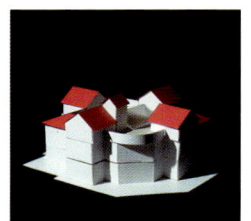

Die Bauherrenfamilie konfrontierte die Architekten gleich zu Beginn mit dem exakten Modell ihres Traumhauses.

Architekten:
EM2N,
Mathias Müller,
Daniel Niggli, Zürich
Mitarbeiter:
Christof Zollinger
Tragwerksplanung:
Kurt Hungerbühler
AG, Kradulf, TG
Fertigstellung:
2001
Konstruktion:
Ortbeton und
Mauerwerk mit einer
Dachkonstruktion
aus Holz
Mehrkosten:
nicht exakt zu
beziffern
Grundstücksfläche:
1.050 Quadratmeter
Wohnfläche:
400 Quadratmeter
Standort:
Tobel, Schweiz

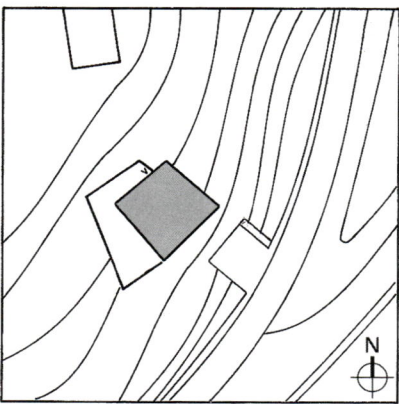

Lageplan
M 1:1500

Die Schwierigkeiten bei diesem Bauprojekt entstanden nicht nur aus dem steilen Hanggrundstück mit einem Höhenunterschied von 15 Metern und der Erschließung von Süden. Auch die Rücksichtnahme auf die freie Sicht aus dem oberhalb liegenden Haus war problematisch, ebenso die Forderung, dass das Gelände mit dem Traktor passierbar sollte, um die private Hirschzucht des Nachbarn mit Runkelrüben zu versorgen. Fragt man die Architekten, so war vor allem das fast eineinhalb Jahre währende »Planungspingpong« Nerven aufreibend, bei dem eine sehr konkrete Bauherrenidee dem Terrain, dem Raumprogramm und vor allem dem Kostenrahmen angepasst werden musste. Gleich im ersten Gespräch überraschte die Bauherrenfamilie die Architekten mit einem selbst gebastelten Modell im Maßstab 1:100 – ein schlossartiger Entwurf mit Risaliten und zahlreichen Giebeln. Das quadratische Haus mit zentralem Atrium und vier kräftigen Ecktürmen sollte teilweise in den Hang gegraben werden, eine Tief-

garage hätte es von der Straße her erschlossen. Anstelle eines einzigen »Gegenvorschlags« haben die Architekten vier Entwurfsvarianten in Form von Arbeitsmodellen mit der Familie intensiv diskutiert (siehe auch Seite 14 und 15). So konnten sowohl verschiedene Positionen auf dem Grundstück als auch unterschiedliche Formen von Atriumhäusern unmittelbar miteinander verglichen werden. Letztendlich ist es den Architekten nach dieser engen Zusammenarbeit gelungen, ein quadratisches, jedoch formal reduziertes und damit modernes »Schloss« zu realisieren.

Mittelpunkt des viergeschossigen, im Grundriss leicht verzogenen Hauses ist ein lichtdurchfluteter, atriumartiger Erschließungskern mit großem Dachfenster als »Begegnungsplatz mit repräsentativer Treppe« ganz nach dem Wunsch der Bauherren. Er verbindet die Garagenebene – hier befinden sich mehrere Stellplätze und Nebenräume – mit dem darüberliegenden Untergeschoss für Keller, Werkstatt und Gastzimmer, dann folgt das Wohngeschoss mit großer, hofartiger Terrasse umgeben von hohen Mauern im Südwesten und ganz oben die private Ebene mit den Schlafräumen.

Der Baukörper ist in dem steilen Grundstück geschickt eingebettet, damit er wegen des umfangreichen Raumprogramms nicht zu hoch gerät und den Nachbarn die Sicht ver-

Das Ergebnis nach eineinhalb Jahren »Verhandlungen«. Der leicht verzogene Baukörper scheint burgartig aus dem Hang herauszuwachsen. Zwei Einschnitte, die Garageneinfahrt mit dem Hauptzugang und die höher gelegene Terrasse (links im Bild), greifen aus der Grundrissfigur und verankern das Haus im Hügel.

Das Grundstück mit dem oberhalb liegenden Nachbarhaus noch ohne den Neubau – er wurde an die Straße am rechten Bildrand platziert.

Längsschnitt
M 1:250

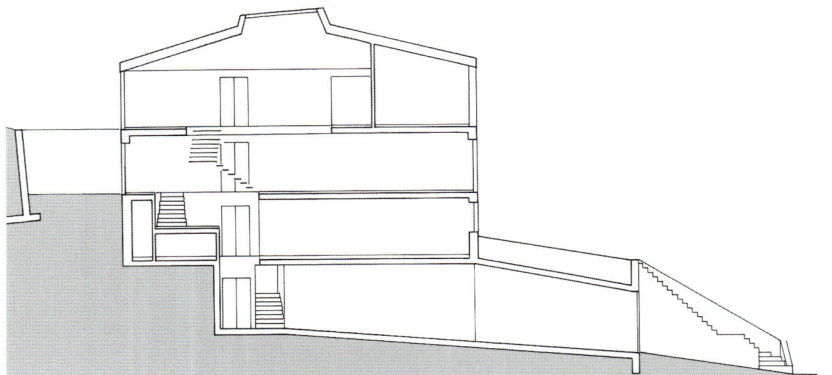

Die Inszenierung des »Hauses als Weg« beginnt bereits in der Garage. Ein zentraler, 15 Meter hoher Lichtraum erschließt alle vier Ebenen.

sperrt. Da der Untergrund aus mehreren wasserundurchlässigen Lehmschichten besteht, die bei starkem Regen abrutschen können, spielte die Hangsicherung eine wichtige Rolle. Nicht nur das Haus selbst, sondern auch die Stützmauern der drei Meter tief liegenden Terrasse, des »Burggrabens«, erhielten ein massives Fundament. Die Hanglage brachte auch das Problem der Belichtung der unteren Räume mit sich. Die Architekten lösten es mit Hilfe des zentralen Oberlichts, vor allem aber mit der geschickten Planung des Außenraums, damit der Gedanke an Keller nie aufkommt. Im Gegenteil, Innen und Außen werden mit einem komplexen Wegesystem in allen Ebenen verbunden, die Räume wirken hell, großzügig und weitläufig, sodass tatsächlich das Gefühl entsteht, auf herrschaftlichem Grund zu wandeln.

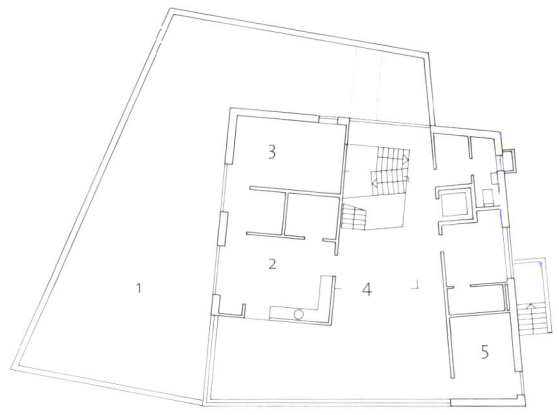

Erdgeschoss
M 1:300

1 Terrasse
2 Küche
3 Hauswirtschaftsraum
4 Essen, Wohnen
5 Büro
6 Luftraum über der
  Garageneinfahrt
7 Stellplätze

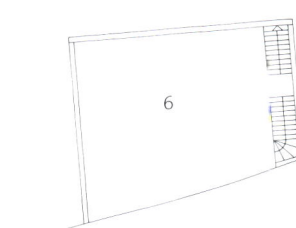

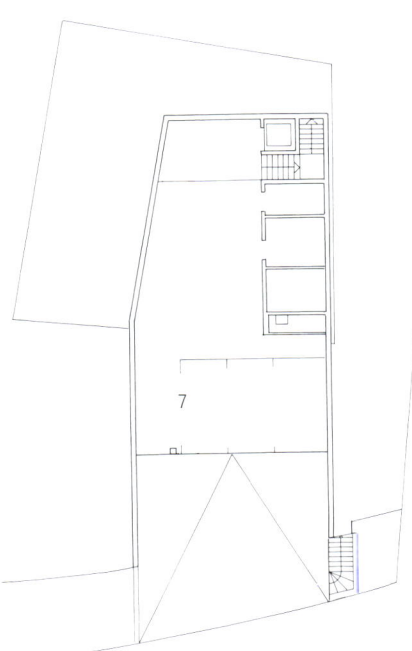

Garage

In der Ostecke des Obergeschosses wurde das Bad der Eltern eingebaut. Vom freistehenden Block mit den Waschbecken und der Badwanne sieht man die Sonne aufgehen.

Felsiger Grund

Das Satteldach wird durch ein Oberlichtband in zwei ungleiche Hälften geteilt und passt sich dem Gefälle des Hangs an.

Architekten:
   Beckmann & Partner,
   Detmold
   Bernd Beckmann-
   Plöger
Tragwerksplanung:
   Büker + Partner, Lage
Konstruktion:
   Holzrahmenbauweise
   auf Betontablett
Besonderheiten:
   Niedrigenergie-
   bauweise
Fertigstellung:
   2001
Grundstücksgröße:
   875 Quadratmeter
Wohnfläche:
   130 Quadratmeter
Büroeinlieger:
   105 Quadratmeter
Standort:
   Pulverweg
   Detmold-Berlebeck
   Nordrhein-Westfalen

Die Schwierigkeiten, die mit dem Bau auf diesem Grundstück verbunden waren, sind typisch für Lagen im Berggelände. Das Haus steht an einem Höhenrücken des Eggengebirges nahe Detmold. Die Parzelle fällt um drei Meter in Richtung Längsschnitt, und der Untergrund ist felsig, sodass ohne Sprengungen an einen Keller nicht zu denken war. Dazu kommt starkes »Schichtenwasser«, denn die reichlichen Niederschläge, die über dem Teutoburger Wald fallen, suchen sich sturzbachartig ihren Weg ins Tal. Nach eingehender Begutachtung des Geländes entschloss sich der Architekt zu einer Lösung mit drei aufgeständerten Betontellern. Diese Platten auf Sichtbetonrundstützen staffeln sich in der Höhe versetzt am Hang. Darauf konnte der Zimmermann dann bequem die vorgefertigten Holzrahmen für das Haus platzieren.

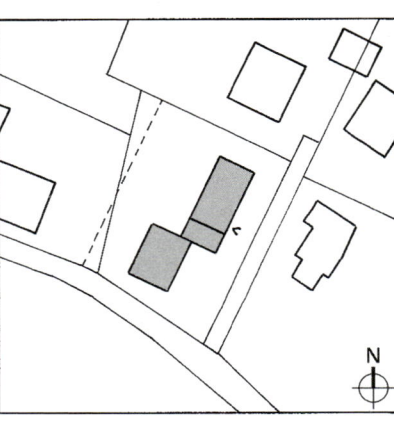

Lageplan
M 1:1250

118

Links: Das Haus wurde aufgeständert, so können die großen Mengen Niederschläge, die in dieser Gegend fallen, einfach darunter hindurch fließen.

Die Betonplatte, auf der das Holzhaus errichtet wurde, liegt auf Stahlträgern, die die Last wiederum an runde Betonstützen mit Einzelfundamenten weiterleiten.

Einen Bebauungsplan gibt es für Berlebeck nicht, daher muss man sich nach §34 BauGB an der Nachbarbebauung orientieren, einer bunten Mischung aus meist verputzten Wohnhäusern mit Satteldächern. Der ursprüngliche Vorschlag des Architekten, sich mit einem Pultdach der Neigung des Hangs anzugleichen, wurde vom Bauamt deshalb abgelehnt. Außerdem erschien den Beamten die Firstlinie zu hoch, da sie das Haus wegen seiner aufgeständerten Unterkonstruktion als dreigeschossig betrachteten. Erst anhand von Fotos von Bauten in der Umgebung konnte der Architekt nachweisen, dass auch die Nachbarn teilweise zum Tal hin dreigeschossig gebaut hatten, dazu mit großen Dachüberständen und ausladenden Balkonen. Im Bauamt ließ man sich schließlich von der Zulässigkeit überzeugen, nur beim Pultdach blieb man unnachgiebig. So erhielt das Haus ein modi-fiziertes, durch ein Lichtband unterbrochenes Satteldach mit versetzten Dachflächen.

Der Statiker forderte für die Unterkonstruktion Betonstützen in Einzelfundamenten statt einer Version in Stahl, die der Architekt bevorzugt hätte. Aufliegende Stahlträger (IPE 240) tragen die Betonplatten, auf denen die Holzkonstruktion errichtet wurde. Das Regenwasser läuft einfach unter dem Haus durch. Alle Wandelemente wurden ohne Außenverkleidung und Fenster vorfabriziert, damit diese

Die verschiedenen Nutzungen der beiden Gebäudeteile sind von außen deutlich ablesbar: Hier im Vordergrund, auf der Westseite, liegt der holzverschalte, niedrige Büroanbau, dahinter das zweigeschossige Wohnhaus mit einer Verkleidung aus Faserzementplatten.

Bauherr wie Architekt legten auch beim Innenausbau großen Wert auf baubiologisch einwandfreie Materialien. Rechts: Küche und Essbereich

beim Transport nicht beschädigt wurden. So weit war alles perfekt geplant, allerdings kam der Tieflader mit den Holzelementen nur mit knapper Not um die enge Kurve zum Bauplatz.

Beim Innenausbau ist noch eine Besonderheit bemerkenswert: Auf die Holzwände wurde eine Schicht Lehmziegel, eine Lehmbauplatte sowie eine Putzschicht aufgebracht, was sich bauklimatisch als günstige Lösung erweist, die für genügend Speichermasse sorgt. Die Lehmputzoberfläche auf den Innenwänden wurde mit atmungsaktiver Kalkkaseinfarbe gestrichen. So ist trotz anfänglicher Widerstände gegen die Bauform in dem Vorort ein Haus entstanden, das vor allem mit seiner Bauweise einen Maßstab für zukünftige Planungen setzt.

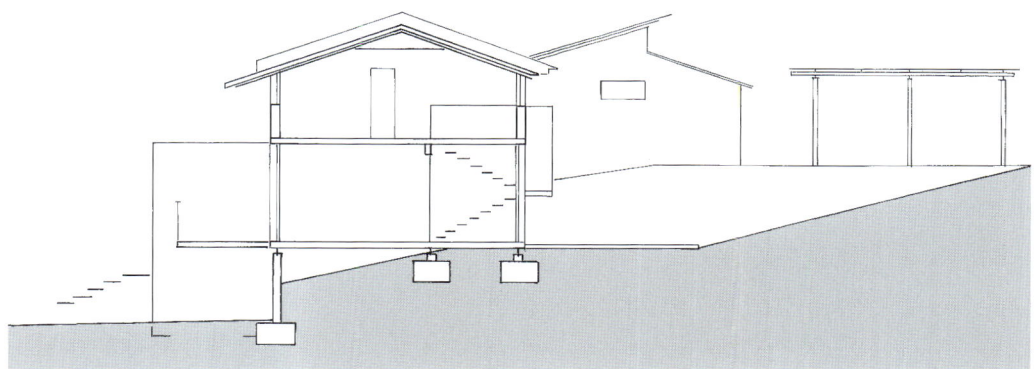

Querschnitt
M 1:200

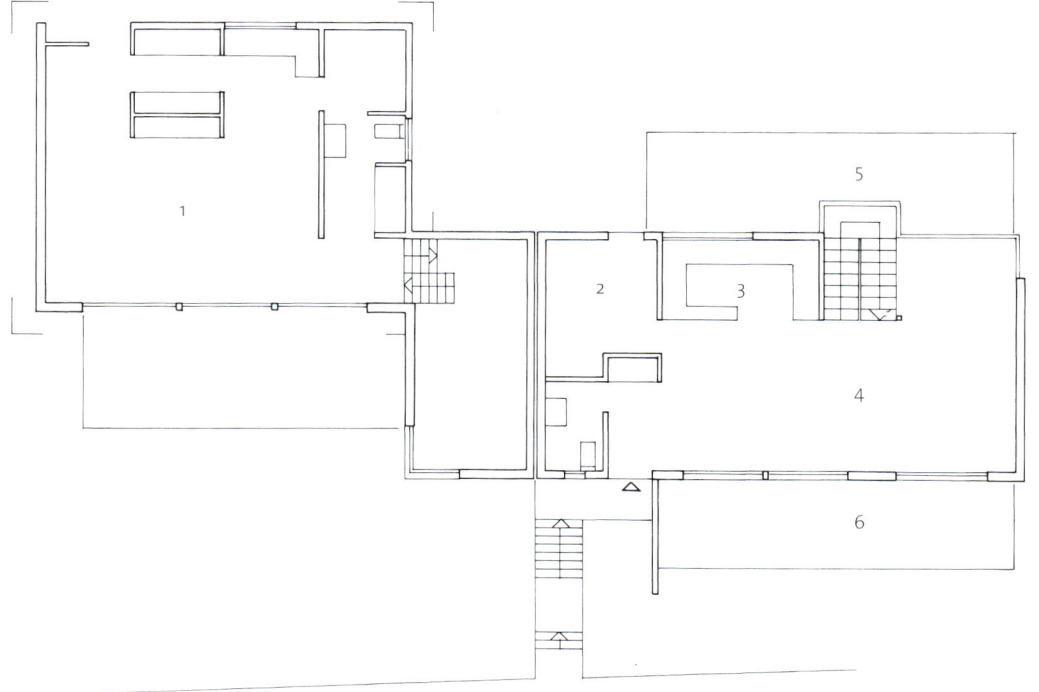

Erdgeschoss
M 1:200

1 Büro (auch als Einliegerwohnung zu nutzen)
2 Hausanschluss-/Abstell-
   raum
3 Küche
4 Essen, Wohnen
5 Gartendeck
6 Balkon

Neben dem fest verglasten
Fassadenelement auf der
Balkonseite wurden Glas-
lamellen zur Lüftung des
Wohnraums montiert.

Villa mit Park

Architekten:

Elmar Nägele,
Ernst Waibel,
Dornbirn

Fertigstellung:

1999

Konstruktion:

Kalksandsteinwände
im Erdgeschoss
auf der Betonplatte,
im Ober- und Attika-
geschoss
Holzrahmenkon-
struktion mit
Brettstapeldecken

Mehrkosten:

ca. 20 Prozent auf-
grund der beengten
Verhältnisse bei der
Bauausführung und
aufwändiger Statik
wegen Baumbestand

Grundstücksfläche:

2.100 Quadratmeter

Wohnfläche:

213,6 Quadratmeter

Standort:

Mühlebachstraße 117
Zürich, Schweiz

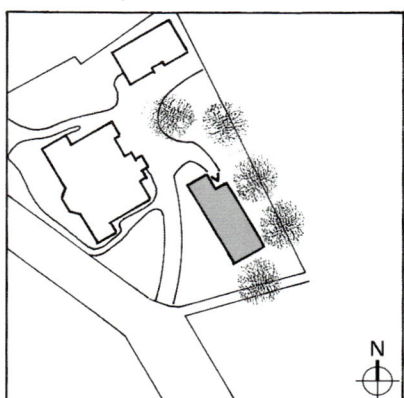

Lageplan
M 1: 1250

N

Fünf Familien mit Kindern hatten sich zusammengetan und gemeinsam ein schönes großes Grundstück in zentraler Lage der Stadt Zürich gekauft. Mitten in dem kleinen Park mit wertvollem Baumbestand steht eine alte Villa, in die drei der Familien eingezogen sind. In der nördlichen Ecke des Grundstücks gab es einen umgebauten Pferdestall, der die vierte Familie beherbergt. Die fünfte Familie baute sich ein neues Haus am östlichen Rand, das sich wie der ehemalige Pferdestall als schmales Nebengebäude der Villa unterordnet. Zwischen den Bäumen war zuvor an dieser Stelle ein Gartenhäuschen gestanden, das abgebrochen und an der Nordwestecke wieder aufgebaut wurde. Die fünf Parteien nutzen es gemeinsam, ebenso wie die insgesamt 2.100 Quadratmeter Grund, die Gemeinschaftsräume im Untergeschoss der Villa und die Tiefgarage – das Projekt stellt insgesamt ein vorbildliches Beispiel für verdichtetes Bauen in der Stadt dar.

Das neue Wohnhaus erfüllt in so perfekter Weise die Wünsche der Bauherrenfamilie und fügt sich in das Gelände zwischen die Bäume ein, dass von Kompromissen nichts zu spüren ist. Dabei bestimmten im Wesentlichen die Vorgaben die Gebäudeform. Zum einen forderte das Gartenbauamt den Schutz der alten Bäume: Daraus entstand das Konzept eines vom Boden abgehobenen Holzhauses, damit die Wurzelbereiche unangetastet bleiben.

Als die Grundrisse maßgenau eingepasst waren und mit dem Bau begonnen wurde, stellte sich leider heraus, dass eine Buche und ein Ahorn vom Pilz befallen waren und gefällt werden mussten. Die anderen Regeln stammen aus dem Bebauungsplan: Zu den Grundstücksgrenzen mussten fünf Meter Abstand eingehalten werden, zwischen Villa und Neubau war eine sieben Meter breite Gasse für die Feuerwehr freizuhalten. Ein Attikageschoss durfte es nur geben, wenn es allseitig zurückgesetzt wurde und maximal ein Drittel der darunterliegenden Geschossfläche beanspruchte. Zudem war die maximale Gebäudelänge auf 15 Meter festgelegt – da das Haus aber länger werden sollte, stuft es sich in den Obergeschossen als Terrasse und im Erdgeschoss als überdachter Eingang zurück. Alle Anforderungen wurden minutiös eingehalten.

Etwas versetzt vom Boden losgelöst sitzt der Holzbau auf der Tiefgarage, die genügend Abstand zu den Baumwurzeln einhält. Im Erdgeschoss werden die Fenstertüren mit Holzlamellen geschlossen, darüber sind textile Rollos als Sonnenschutz in das dünne Stahlgerüst eingespannt.

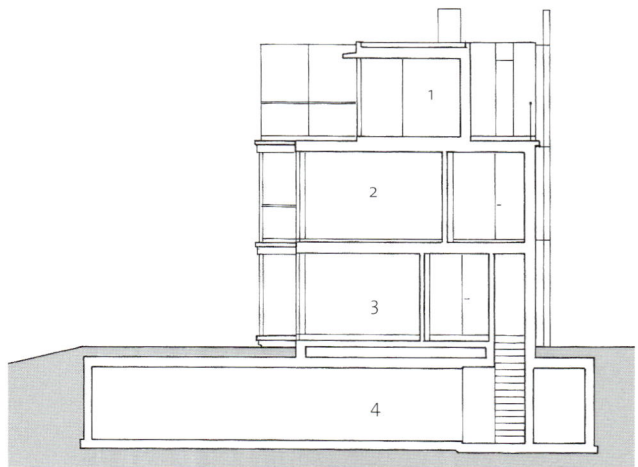

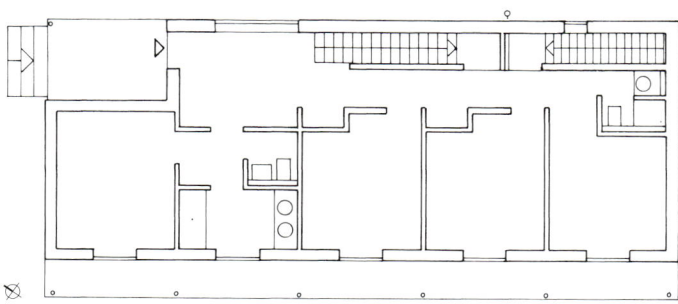

Querschnitt
M 1: 200

1 Eltern
2 Küche, Essen, Wohnen
3 Kinder
4 Tiefgarage

Die Wohnebene im ersten Obergeschoss (rechts) besteht ebenso wie das Attikageschoss im Prinzip aus einem einzigen, großzügigen Raum. Nur zu ebener Erde wird pro Fenstertür ein Zimmer abgetrennt.

Erdgeschoss
M 1:200

Rechts und großes Bild rechte Seite: Das Attikageschoss, in dem sich die Eltern eingerichtet haben, musste nach Baurecht zurückgesetzt werden, so entstand hier eine attraktive Terrasse.

Ähnlich wie das Gartenhäuschen sollte wieder ein leicht wirkender, pavillonartiger Holzbau an dieser Stelle entstehen. Da er auf der Tiefgaragendecke, die um zwei Meter auskragt, wie auf einem Tablett sitzt, detaillierten ihn die Architekten ebenso zweckdienlich und fein wie ein hölzernes Möbelstück. Zudem ist der Bauherr im Appenzell aufgewachsen, und so lag es nahe, auch einen Bezug zu den Holzbauten dieses Kantons herzustellen – allerdings nicht in ländlich-rustikaler Form, sondern dem städtischen Umfeld angemessen. Die Fassaden sind mit 180 Massivholztafeln aus Eiche verkleidet, in Rahmen mit Füllungen, die wie die additive Fensterteilung an den regionalen Baustil erinnern.

Den Eltern lag daran, dass vor allem die drei Kinder Kontakt zu den Nachbarn haben, deshalb befinden sich die Kinderzimmer im Erdgeschoss, wo man durch die Fenstertüren über eine Stufe direkt in den Garten gelangen kann. Im ersten Geschoss, etwas privater, liegt die Wohnebene mit einer überdeckten Terrasse. Das Attikageschoss bildet das Refugium der Eltern. Hier ist man zwischen den Baumkronen von allen Blicken abgeschirmt, sodass die Räume mit großen Glasflächen weit geöffnet werden konnten und sogar eine Außendusche installiert wurde.

Architektenverzeichnis
und Bildnachweis

Architekten Lenzstraße Dreizehn
Thomas Fabrinsky
Lenzstraße 13
D-76137 Karlsruhe
Seite 88
F: Klemens Ortmeyer,
Braunschweig

Architektur – Werk – Stadt
Balhorn Wewer Karhoff
Elsener Straße 37
D-33102 Paderborn
Seite 84
F: Archiv Architekt

Bayer Uhrig
Beethovenstraße 54–56
D-67655 Kaiserslautern
Seite 72
F: Michael Heinrich, München

Beckmann & Partner
Krumme Straße 16
D-32756 Detmold
Seite 118
F: Collin Klostermeier, Gütersloh
(aus Bauhandwerk 5/2001)

**b&k+, Brandlhuber & Kniess +
Bernhardt, Martenson**
Lichtstraße 26–28
D-50825 Köln
Marzellenstraße 43a
D-50668 Köln
Seite 50
F: Michael Reisch, Düsseldorf

Delugan_Meissl
Mittersteig 13/4
A-1040 Wien
Seite 58
F: Margherita Spiluttini, Wien;
Archiv Architekt

Diezinger & Kramer
Römerstraße 23
D-85072 Eichstätt
Seite 68
F: Stefan Müller-Naumann,
München

EM2N
Mathias Müller, Daniel Niggli
Selnaustraße 52
CH-8001 Zürich
Seite 114
F: Hannes Henz, Zürich;
Archiv Architekt

Freistil Architekten
Arne Nachtigahl, Stephan Tietjen
Brandshofer Deich 114
D-20539 Hamburg
Seite 46
F: Dirk Masbaum, Hamburg

Haas + Partner Architekten
Silke Gehner-Haas,
Friedhelm Haas
Ladenbergstraße 20
D-14195 Berlin
Seite 76
F: Dirk Altenkirch, Karlsruhe

Habermann.Stock.Decker
Bismarkstraße 20
D-32657 Lemgo
Seite 94
F: Christian Zeidler, Bielefeld

Hauer & Kortemeier Architekten
Carl-Bertelsmann-Straße 29
D-33332 Gütersloh
Seite 28
F: Cäcilia Epkenhans-Hauer,
Gütersloh
Collin Klostermeier, Gütersloh

Axel Knappstein Architekten
Sternbergstraße 9
D-59755 Arnsberg
Seite 32
F: Archiv Architekt

Rainer Köberl
Müllerstraße 19
A-6020 Innsbruck
Seite 36
F: Lukas Schaller, Wien

Stefan Lambertz, Birgit Schöpf
Lierstraße 22 A
D-80639 München
Seite 106
F: Archiv Bauherr

Langensteiner Architekten
Vordersteig 58
D-76275 Ettlingen
Seite 102
F: Archiv Architekten

Reinhard Martin
Zuhornstraße 15
D-48147 Münster
Seite 24
F: Jens Kirchner, Düsseldorf

Joachim Marx
Hauptstraße 44–46
CH-8265 Mammern
Seite 18
F: Hannes Henz, Zürich

Meck Köppel Architekten
Prof. Andreas Meck,
Dipl.-Ing. Stephan Köppel
Kellerstraße 39
D-81667 München
Seite 42
F: Michael Heinrich, München

Elmar Nägele, Ernst Waibel
Widagasse 11
A-6850 Dornbirn
Seite 122
F: Jens Kirchner, Düsseldorf

Manfred Nagel
Gablenzstraße 9
D-24114 Kiel
Seite 98
F: Bernd Perlbach, Preetz

Penkhues Architekten
Professor Berthold H. Penkhues
Brandaustraße 10
D-34132 Kassel
Seite 54
F: Klemens Ortmeyer,
Braunschweig

Reiszky Architekten
Mimmringer Straße 20
D-94491 Hengersberg
Seite 110
F: Archiv Architekt

Schönberger + Schönberger
Wildsteiner Straße 2
D-92723 Tännesberg
Rapotohöhe 5
D-92526 Oberviechtach
Seite 64
F: Archiv Architekten

SoHo Architekten
Rehmstraße 4
D-86161 Augsburg
Seite 80
F: Michael Waizenegger,
Augsburg

Kreativ Bauen

Mit einer Vielzahl von dargestellten Umbau- und Erweiterungsvarianten bietet das Buch einen breit gefächerten Ideenfundus für Architekten und Bauherren. Anhand von 24 realisierten, individuell geplanten Beispielen zeigt Isphording die unterschiedlichen Gestaltungsmöglichkeiten für Einfamilienhäuser. Angaben zu Materialien, technischen Daten, Bauzeiten und Preisen unterstreichen den hohen Nutzwert des Buches.

Stephan Isphording
Einfamilienhäuser umbauen und erweitern
128 Seiten, 174 Abbildungen und 86 Pläne
ISBN 3-7667-1465-1

Passivhäuser verbinden hohen Wohnkomfort mit außerordentlicher Effizienz und sind daher der Wohnstandard der Zukunft. Detailliert werden die Grundlagen und konstruktiven Anforderungen für Planung und Bau erläutert. Beispielhafte Wirtschaftlichkeitsberechnungen belegen, dass die Passivhausbauweise gegenüber herkömmlichen Bauweisen von Anfang an eine kostengünstige Alternative ist.

Carsten Grobe
Passivhäuser planen und bauen
160 Seiten, 130 Fotos und 40 Pläne
ISBN 3-7667-1515-1